El gran Galeoto

Letras Hispánicas

José Echegaray

El gran Galeoto

Edición de James H. Hoddie

CATEDRA
LETRAS HISPANICAS

© Ediciones Càtedra, S. A., 1989
Josefa Valcárcel, 27. 28027-Madrid
Depósito legal: M. 31.696-1989
ISBN: 84-376-0850-3
Printed in Spain
Impreso en Lavel
Los Llanos, nave 6. Humanes (Madrid)

Índice

7

Índice

Introducción

VIDA

José Echegaray y Eizaguirre nació el 19 de abril de 1832 en la calle que es hoy la de Quevedo, de Madrid. Su padre, José Echegaray Lacosta, médico de escasa clientela, era natural de Zaragoza y de ascendencia vasca como la madre, María Eizaguirre Chaler, de Azcoitia, provincia de Guipúzcoa. En 1837 la familia se trasladó a Murcia, donde el padre trabajó de profesor de botánica y el hijo cursó las primeras letras. Durante estos años Echegaray asistió a representaciones teatrales de inspiración romántica; y a los doce años en casa de un amigo hizo un papel en el sainete, *La feria de Mairena,* convenciéndose de que no servía para actor.

Excelente estudiante de matemáticas y ciencias, Echegaray cursó la carrera de ingeniero en la Escuela de Caminos. Después de ejercer la profesión por unos meses como encargado de mantener una carretera de una legua en Almería, volvió a Madrid y fue profesor de la Escuela de Caminos por espacio de dieciséis años, enseñando, entre otras asignaturas, el cálculo diferencial e integral, mecánica racional y aplicada, hidráulica, etc. Casado desde el 16 de noviembre de 1857 con Ana Perfecta Estrada y luego padre de una hija, Anita, Echegaray se vio en cierta estrechez económica y fundó una escuela preparatoria que tuvo que abandonar a instancias del director de la Escuela de Caminos, quien no toleraba que el profesor les cobrara clases preparatorias a los que más tarde serían sus estudiantes. A cambio, el director, deseoso de que siguiera en la Escuela tan excelente profesor, le consiguió trabajos de investigación y viajes al extranjero. Elegido académico de la de Ciencias Físicas, Exactas y Naturales, el 11 de marzo de 1865 pronunció su discurso de recepción, «La historia de las Matemáticas con aplicación a España», el cual disgustó a no pocos: el nuevo académico había aseverado *de* que España no había tenido ningún matemático de primera, segunda y ni siquiera de tercera categoría.

En la Escuela de Caminos, Echegaray trabó amistad con Gabriel Rodríguez, economista casi fanático de la doctrina librecambista. Después de leer las *Armonías económicas,* de Claudio Bastiat, Echegaray siguió estudiando esta ciencia, intervino en debates en la Bolsa, uno de los centros de discusiones intelectuales de la época, y con Rodríguez fundó *El Economista.* En el Ateneo, entonces en la calle de la Montera, comenzó a ganarse cierto renombre como orador, participando en debates y polémicas. Aunque admirador de Emilio Castelar y amigo incondicional del general Prim, Echegaray no tuvo papel en los antecedentes de la Revolución de 1868. Durante la regencia del general Serrano, fue nombrado director general de Obras Públicas. Este nombramiento hubiera colmado sus ambiciones de ingeniero de caminos y, sin embargo, fue sólo el primer paso de su breve pero intensa vida política. A instancias de Sagasta se presentó y fue elegido diputado por Avilés en las Cortes constituyentes de 1869 y obtuvo un sonado triunfo como orador con su intervención a favor de la libertad de cultos. Unido con Pi y Margall, consiguió otros éxitos en defensa del librecambio y fue nombrado ministro de Fomento. Una comisión de tres, el almirante Topete, Beranger y Echegaray, recibió a Amadeo de Saboya en Cartagena. Durante el reinado de éste fue elegido diputado por Quintanar de la Orden y volvió a ser nombrado ministro de Fomento. Después de declarada la República, formó parte del poder ejecutivo de la Asamblea Nacional, presidida por Figueras. Al deshacerse la República, Echegaray se vio en la precisión de huir a Francia, donde, como los románticos de la década de 1830, se puso a escribir una obra de teatro. Al regresar a España, fue nombrado ministro de Hacienda y puso en práctica sus ideas sobre la economía: fundó el Banco de España, introdujo el papel-moneda y salvó el crédito de la nación. Estando en la cumbre de su actividad política, orador de fama y economista de éxito, Echegaray no pudo resistir más la tentación, presente desde su juventud, de estrenarse como dramaturgo. Después del éxito de *El libro talonario,* dimitió de su cargo de ministro. Sin puesto gubernamental desde 1874 hasta 1905, no abandonó del todo la intervención en cuestiones políticas: en 1880 firmó con Galdós y Salmerón el Manifiesto de Constitución del Partido Progresista. En 1905 volvió a aceptar la cartera de ministro de Hacienda.

Varias fueron las tentativas de escribir para el teatro anteriores a *El libro talonario.* Con su amigo y condiscípulo de ingeniería Leopoldo Brookman, iba a escribir *La cortesana* (una versión de *La dama de las camelias*); Echegaray dio cabo a una versión en prosa, que rompió al no encontrar quien la representara. Luego, cuando su hermano Miguel obtuvo éxito en el teatro, el espíritu de emulación le llevó a probar suerte con una obra en verso, que más que nada le sirvió para adiestrarse como versificador. Sin ponerle título, la quemó. Con deseo de resolver sus apuros económicos de profesor, se puso a hacer un drama de un acto, *La hija natural*. Demasiado tímido para aprovechar sus amistades con la gente del teatro, guardó el manuscrito. En 1860 compuso *Un sol que nace y otro que muere,* comedia en un acto que también guardó cuando se le dijo que era «demasiado literaria». Ésta, con otra de las guardadas, *Morir por no despertar,* acabaron por estrenarse con éxito años después. En 1864 Brookman, enemistado con su jefe, el Marqués de Salamanca, volvió a Madrid desde París y le propuso colaboración en una obra en contra de los banqueros. Echegaray escribió *El banquero,* que fue estrenada, y recibida con frialdad, en 1875 con el título *La última noche.*

En 1874, un amigo logró interesar a Manuel Catalina, del Teatro Apolo —teatro nuevo y en peligro de hundirse— por *El libro talonario.* Aunque encontró la obra aceptable —con algunos cambios y mejoras—, Catalina estaba seguro de que una obra del ministro de Hacienda atraería público. Como Echegaray quería por decoro mantener el anonimato usando el pseudónimo «Jorge Hayaseca», se consiguió que el poeta Campoamor diera a conocer la identidad del novel dramaturgo. A pesar de las protestas de Ruiz Zorrilla, presidente del Gobierno, temeroso de que quedaran en ridículo el Gobierno y el salvador de la Hacienda, se verificó el estreno el 18 de febrero de 1874. Fue muy aplaudida la comedia y se representó varias veces. Las obras de Echegaray suscitaban con frecuencia reacciones fuertes; pero él y otros creadores de obras similares dominaron los escenarios durante un cuarto de siglo.

En 1881, con el muy aplaudido estreno de *El gran Galeoto,* su drama más popular, Echagaray estaba en la cumbre del éxito. Y, en julio de 1882, le eligieron para llenar el sillón que Mesonero Romanos había dejado vacante en la Real Academia Española. Sin embargo, no llegó a ocupar esta sede sino catorce años más tarde, cuando, por fin, Emilio Castelar acabó de escribir el discurso de contestación que había de pronunciar a continuación del de recepción de Echegaray sobre la evolución literaria.

El 13 de noviembre de 1904, la Academia Sueca le concedió el premio Nobel de Literatura (que compartió con Federico Mistral) por su inspirada y copiosa producción de continuador de la tradición del teatro español. Con motivo de este primer Nobel para un español, Juan Valero de Tornos, director de la revista *Gente vieja,* planeó un homenaje con el fin de honrar a Echegaray como representante de la intelectualidad española. Los escritores jóvenes, por no considerar al laureado Nobel representante de la intelectualidad según su concepto, desencadenaron una protesta. La intervención de Miguel Moya salvó la situación y se sucedieron tres días de celebraciones. El 18 de marzo, Alfonso XIII le impuso a Echegaray las insignias del premio Nobel. Al día siguiente, hubo desfile desde la Armería hasta la Biblioteca Nacional, donde, en la escalinata, José Canalejas y Echegaray pronunciaron sendos discursos. Por la noche, en solemne sesión del Ateneo, presidida por el Rey, se oyeron discursos de Ramón y Cajal, Galdós y Echegaray. Al tercer día, en el Teatro Real, se representó en función de gala *El gran Galeoto.*

Echegaray murió el 14 de septiembre de 1916 en el hotelito que en la calle de Zurbano se había construido con el producto del premio Nobel.

La historia del teatro español del siglo XIX puede dividirse en «dos periodos románticos»: el del Romanticismo de 1830 y 1840 (Duque de Rivas, Zorrilla, García Gutiérrez) —que no se apaga del todo en las décadas siguientes— y el Neorromanticismo, que comienza con el estreno de *El libro talonario* en 1874 y que va hasta el fin del siglo.

Las tendencias que se produjeron en el intervalo de transición entre los dos romanticismos influyeron en la génesis del drama de Echegaray.

E. Allison Peers notó que, aunque el eclecticismo había comenzado a dominar en el teatro antes de mediados del siglo, García Gutiérrez en sus dramas históricos de la década de 1860 (*Venganza catalana* y *Juan Lorenzo*) conservó algo del primer Romanticismo, y en la década de 1870 Zorrilla siguió produciendo obras de corte romántico. Sin embargo, también se produjo el desarrollo de un teatro orientado hacia el planteamiento de cuestiones sociales y morales, «dramas de tesis», con dramaturgos como Manuel Tamayo y Baus (1829-1898) y Adelardo López de Ayala (1829-1879). Nacidos sólo tres años antes que Echegaray, a diferencia de éste, llevaron sus obras al escenario desde mediados del siglo. La obra de Tamayo se reparte entre el drama histórico y la comedia de tesis. Fundió la tragedia clásica con la romántica en *Virginia* (1853) y logró un extraordinario éxito con la muy romántica *La locura de amor* (1855). Entre 1856 (*La bola de nieve*) y 1870 (*Los hombres de bien*) sobresalió en la comedia de tesis de toque neoclásico. Sin embargo, estrenó en 1867 *Un drama nuevo,* que, por su énfasis en la pasión y por su violento desenlace, está más cerca del drama romántico histórico, y que, al mezclar la realidad con la ficción, algo debe al Hamlet shakespeariano y aun parece anticiparse, como Echegaray con *El gran Galeoto*, a la pieza de Pirandello *Seis personajes en busca de autor* (1921).

Adelardo López de Ayala comenzó con dramas históricos románticos en verso, en los que se nota el influjo de la comedia del Siglo de Oro (*Un hombre de Estado,* 1851 y *Rioja,* 1854), para dedicarse, siguiendo las huellas del Ventura de la Vega de *El hombre de mundo* (1845), al «realismo», o sea a «la alta comedia» o «comedia de salón», de la cual se le considera creador. Entre sus comedias urbanas descuellan *El tanto por ciento* (1861), con su crítica al exagerado afán de lucro que no respeta ni el honor ni el amor, y *Consuelo,* (1878), con crítica a la mujer coqueta que lo sacrifica todo por saciar su egoísmo y su hambre de lujo.

Otra tendencia merece ser tenida en cuenta. Poco después de la famosa protesta de los jóvenes en contra de la concesión del premio Nobel, Martínez Ruiz casi llegó a desear que se repitiera el éxito del teatro de Echegaray, a fin de contrarrestar la tendencia hacia lo demasiado dulce y empalagoso del teatro de 1906, defecto del que ya había adolecido un sector del teatro anterior al de Echegaray. Y Ángel Valbuena Prat recuerda al respecto la crítica que Yxart dirigió contra las obras de Camprodón, Eguilaz y Eguilaz y Pérez Escrich, en las que, en vez de la pasión romántica, dominaban el sentimentalismo, un lirismo prosaico y mucho lloriqueo y gimoteo de damas.

A pesar de la adversa crítica contemporánea y posterior, este teatro, primero, sin clara filiación estética ni ideológica, y luego el de Echegaray, era grato a la burguesía que leía dramas y llenaba los teatros. No obstante, las opiniones de Ángel del Río resumen la crítica dirigida contra lo que el periodo histórico mismo y su teatro significan para muchos: el estado del teatro reflejaba el anacronismo espiritual en que continuaba la burguesía, todavía fiel a ideas y sentimientos antiguos, mientras vivía instalada en las costumbres y formas de la vida moderna. Si, en la novela, Pérez Galdós se sirvió del humor para lograr la representación realista de la sociedad burguesa, los dramaturgos, deseosos de plantear problemas contemporáneos en los dramas de tesis, se oponían a los prejuicios que combatían con una moral de sentido común, sin orientación ideológica firme (Ayala o Tamayo). O, como Echegaray, emplearon mucho el efectismo, la declamación cuasi filosófica y los arrebatos de la pasión.

Sin embargo, a estas alturas comprendemos que en el drama histórico o legendario romántico los héroes y heroínas «vivían» en ambientes «recreados» tanto los sentimientos de alienación de almas sensibles del siglo XIX como las controversias políticas contemporáneas. Además, no dudamos que el vivir constantemente de concepciones míticas renovadas es parte de la condición humana de toda época, y poco extraña que los españoles del siglo XIX imaginaran en el teatro semejante mundo híbrido. Indudablemente, aquel español sabía distinguir entre el mundo del teatro, donde podía dar rienda suelta a la imaginación, y el mundo político y social, en el que la justicia había reemplazado la venganza personal.

El teatro de Echegaray

La obra de Echegaray reúne las tendencias del teatro histórico-legendario romántico y las del drama de tesis. No existen fronteras claramente delineadas entre los dos tipos de obras: los elementos del melodrama histórico invaden —e inundan— la representación de la vida contemporánea. En el empleo del verso (sobre todo antes de 1890), y también en la caracterización, se nota la huella del Romanticismo. Sobre todo en las obras tempranas de una y otra factura se presentan protagonistas idealistas que por amor, honor o justicia se enfrentan con una fuerza invencible. Este elemento, que refleja la visión romántica del mundo, que considera a la sociedad como hostil al héroe, se desarrolla con frecuencia como manifestación del hado o del destino. El protagonista de un drama de Echegaray casi indefectible e irremediablemente marcha hacia la desgracia, o sea, hacia la «tragedia», término que en la época abarcaba desde el enloquecimiento hasta la muerte violenta. La victoria sobre la virtud confirma que en la tierra no cabe la virtud ni la felicidad de los virtuosos, incluso la tragedia del héroe-víctima puede resultar edificante. Con el tiempo, Echegaray encontró en la herencia biológica otra manifestación del destino. Las intenciones del autor, con respecto a la representación verosímil de la vida social y la crítica de las costumbres, quedan oscurecidas y hasta anuladas como consecuencia de esta manera de estructurar la experiencia humana.

Aunque es generalmente mínima la preocupación por el decorado, son poderosos los estímulos sonoros y visuales. A Echegaray y a su público les encantaban los torrentes de retórica, la lucha y los contrastes entre contrarios, las situaciones de efecto, las catástrofes (o sea las «colisiones») de fuerte impacto y los finales cruentos. La ambigüedad de la intencionalidad de las obras —algunas con temas «atrevidos» para la época—, la supervivencia en ellas de elementos considerados arcaicos, la personalidad pública de Echegaray —aun después de retirado del Gobierno—, la orientación filosófica o política del crítico, etc., todo esto contribuyó a generar muchas generalidades críticas que se han reproducido infinitas veces. Comentaremos a continuación dos dramas considerados obras maestras y otro que, aunque de poco éxito, ha sido tenido en cuenta fuera de España.

La «leyenda trágica» *En el seno de la muerte,* obra en tres actos y en verso, fue estrenada en el Teatro Real, el 12 de abril de 1879. La acción del acto primero transcurre en 1285 en un castillo asediado. Don Jaime, conde de Argelez, de funesto destino, obliga a huir del castillo a su mujer Beatriz, objeto de los asedios amorosos de Manrique, hermano bastardo de Jaime. Inmediatamente después, el alcaide dice que pueden salvar la plaza inundando los mismos túneles por los que en esos momentos están escapando Beatriz, Manrique, el escudero Roger y su mujer Juana. Por amor, don Jaime sacrifica los intereses de su rey, Pedro III de Aragón. Creyendo muerto a don Jaime, Manrique y Beatriz consuman su amor culpable y matan a Roger, testigo de sus amores. En el acto segundo, don Jaime llega a Argelez con el Rey, ante quien Juana pide justicia. Don Jaime cuenta una leyenda acerca del cadáver de un antepasado expulsado del panteón, situado bajo el castillo, por otros muertos conocedores de su secreta culpabilidad. A fin de evitar que se repitiera la historia, se construyeron unas puertas de bronce para el panteón. La leyenda prepara al público para el acto tercero, que transcurre en el panteón, donde el Rey averigua la culpabilidad de Manrique y Beatriz. Enterado de la verdad, el Conde insiste en que el Rey cierre las puertas desde fuera y exige que Manrique se suicide. Luego, el Conde se despide de Beatriz, a quien todavía ama, y se suicida. Beatriz a su vez se mata y cae encima del cadáver de su marido.

La popularidad de las leyendas poéticas del siglo XIX, con sus elementos de terror, misterio, exaltadas pasiones y escenarios exótico-antiguos, tuvieron que influir en la elaboración de semejante espectáculo: guerra desesperada, castillo con fantasma, sepulcro con puertas de bronce, amores puros y culpables, héroe noble víctima de toda injusticia posible, etc. Aunque se trata de un drama de infidelidad matrimonial, tema frecuente en Echegaray, que le atraía público, y también censuras por escandaloso, el desenlace no anda lejos del mundo de la comedia calderoniana con su implacable y sangrienta administración de la justicia. El dramaturgo pulsa todas las cuerdas de su lira: hay versos líricos de amor tierno, otros que vagamente recuerdan la retórica de la Edad Media, otros narrativos que, recitados al calor del hogar, hipnotizan y preparan el desenlace de emociones exaltadas, patéticas y agotadoras de emoción.

Aunque en obras anteriores Echegaray había dirigido su atención a la sociedad contemporánea, logró un gran éxito con *O locura o santidad,* drama en tres actos en prosa, estrenado el 22 de enero de 1877. Situada la acción en el Madrid del siglo XIX, plantea una cuestión moral: la conveniencia de aplicar en la vida familiar la verdad y la justicia absolutas. Don Lorenzo, un señor millonario y quijotesco, se decide una mañana a curar a su única hija, Inés, de los males de amor que sufre. Espera conseguir que la Marquesa de Almonte le conceda permiso para casar a su hijo con Inés. Antes de su salida, le llegan noticias de que está agonizando Juana, que había sido su nodriza, y la trae a su casa. Aunque la Marquesa acude a fin de conceder el deseado permiso, don Lorenzo, al oír de Juana que él es su propio hijo y que había heredado ilegalmente dinero y nombre, insiste en que por encima de todo importan la verdad y la justicia, y se dispone a contárselo todo al notario y a quedarse en la calle con su familia. Aunque la obra trata de lo que podrían considerarse cuestiones psicológicas y hasta trascendentales, todo depende de accidentes exteriores. Si Juana, por egoísmo maternal, crea el conflicto, en cambio, astutamente quema las únicas pruebas y niega antes de morir que Lorenzo sea su hijo. Cuando don Lorenzo saca un papel en blanco como prueba de su identidad, el que parecía santo se convierte en loco violento; se lo llevan los loqueros.

No parece casualidad que don Lorenzo lleve el apellido de Tomás de Avendaño, personaje de *La ilustre fregona* de Cervantes; y, en fin, la historia de Juana es materia para comedias, melodramas y folletines. Sin embargo, la historia del niño de origen humilde que acaba en «santo» y cuya santidad parece locura está en la tradición de la mitología judeo-cristiana (Moisés-Cristo). Además, al reinterpretar el «caso» de don Quijote en circunstancias contemporáneas, Echegaray emprende, con Valera y Galdós, la incorporación de la dimensión mítica del héroe cervantino a la España de su tiempo. Y la lucha implícita de las tendencias patriarcales, racionalistas y legalistas contra las fuerzas intuitivas matriarcales protectoras de la especie se hacen eco de un tema que también surge entre los novelistas liberales de la década de 1870.

Fue serio el interés de Echegaray por las innovaciones del teatro extranjero; pero, aunque hizo constar en la portada de un drama que fue «inspirado por la lectura de *un drama* de Ibsen titulado *Gengangere*» *(Espectros),* su concepto del teatro no se alteró demasiado. En el prefacio a *El hijo de don Juan,* drama en tres actos y en prosa, estrenado en el Teatro Español el 29 de marzo de 1892, se negó a explicar el sentido de la obra, apuntando sólo que las palabras del agonizante Lázaro son las de Osvaldo: «Madre, dame el sol.» Aunque la crítica no ha encontrado en *El hijo de don Juan* el conflicto-eje del drama ibseniano entre el deber y la libertad moral, Echegaray logra un efecto patético-poético con las palabras de Osvaldo, haciendo que su hundimiento en la imbecilidad y en la muerte coincida con la promesa de renovada vida que ofrece el amanecer.

Para Echegaray, su drama reflejaba una generación devorada por el vicio y la corrupción. Al reunir a tres envejecidos don Juanes en el acto primero, parece sugerir que don Juan es un tipo social-literario más, sin grandeza. Y su hijo es una víctima —a pesar de su talento— que purga en vida los vicios del padre. Al enterarse de la imposibilidad de que se cure su hijo, los padres reaccionan con emoción, pero sobre todo les importa mantener las apariencias. Para ser justos con Echegaray, debe notarse también que se encuentra semejante reacción en la desgracia que sufren los personajes de *La malquerida* de Benavente. Don Juan celebra los desposorios de su hijo con la hija enfermiza de don Timoteo, compañero de sus devaneos donjuanescos. A fin de cuentas, el drama parece escrito con la comedia de costumbres como modelo; pero el problema planteado no se presta fácilmente a la censura de costumbres ni al comentario social. La censura explícita tampoco quita la aureola poética al mito de don Juan Tenorio.

La acción está repartida entre el «Diálogo», en prosa, que transcurre en una noche, en casa del banquero madrileño don Julián, y el drama en verso y en tres actos —pieza dentro de la pieza— titulado *El gran Galeoto,* escrito por Ernesto, joven protegido de don Julián. La acción del acto I transcurre en una tarde, en el salón de don Julián. Los otros dos actos transcurren también en una tarde y tienen lugar tres meses más tarde: el acto II en la pequeña sala de la casa de Ernesto, y el acto III en el salón de don Julián.

En el «Diálogo», junto con los problemas que tiene que resolver el incipiente dramaturgo Ernesto en la elaboración de su drama, se aborda la tesis de la obra planeada: la murmuración puede ser mentira o sólo sospecha, pero puede acabar por hacerse realidad. Sella con la maldición una culpa existente y también engendra delitos donde no los hay. Sabiendo que se murmura de él y de sus protectores, Ernesto está preocupado por su propia reputación, la de don Julián y la de la joven mujer de éste, Teodora. Al final del «Diálogo», se pone a escribir febrilmente un drama sobre el tema de la maledicencia en el que figurarán él y sus protectores como protagonistas de un clásico triángulo erótico.

El título de la obra se inspira en el canto V del *Infierno* de la *Divina Comedia,* sobre todo en los versos que pronuncia Francesca, «Galeotto fu il libro e chi lo scrisse;/ quel giorno più non vi leggemmo avante» (versos 136-37), al narrar sus amores ilícitos con su cuñado Paolo. En este contexto, *Galeoto* significa *medianero* o *tercero.* Paul P. Rogers explicó la alusión, indicando que no se debe confundir a este Galeoto con el hijo de Lanzarote que anduvo en busca del Santo Grial. Más bien, se trata de un amigo que sirvió de medianero a Lanzarote, en sus amores adúlteros con la reina Ginebra, mujer del rey Artús. Si el libro que estuvieron leyendo Paolo y Francesca —que trataba de los amores de Lanzarote y Ginebra— sirvió de medianero en los amores de aquéllos, de igual forma la murmuración de «todo el mundo» o de «todo Madrid» hace efectivos unos amores entre Ernesto y Teodora, que sólo habían sido sospecha.

En el acto I, don Julián y Teodora están interesados por asegurar el futuro de Ernesto, huérfano de un amigo y benefactor de don Julián. Pero la tranquilidad de los tres es alterada por las preocupaciones de Ernesto, incómodo por la murmuración que su presencia ha ocasionado y por las sospechas que más tarde don Severo, hermano de don Julián, su mujer Mercedes y su hijo Pepito se forjan. Estos tres, dispuestos a creer lo peor, encarnan las voces de una murmuración que no cabría materialmente en el escenario. Al terminar el acto, está claro que Teodora nunca podrá volver a ser la joven esposa espontánea y despreocupada que era al principio. Y aunque su marido está dispuesto a desafiar la murmuración, también le entra el gusanillo de la duda. Al ver realizados sus peores temores, Ernesto abandona la casa para poner fin a la calumnia.

En el acto II no se han callado todavía los murmuradores. Ernesto lleva tres meses viviendo en su propia casa y piensa, al día siguiente, emigrar a la Argentina. Además, ha desafiado a duelo al Vizconde de Nebreda, que había ofendido el nombre de Teodora y el de don Julián. Éste y don Severo acuden a casa de Ernesto para impedir que salga de España; y enterados del desafío, salen en busca de Nebreda, insistiendo don Julián en defender su propio honor. Teodora acude con el propósito de despedirse de Ernesto. Éste no revela su amor durante la larga entrevista en la que discuten el duelo y la inevitabilidad del escándalo. Unos golpes en la puerta interrumpen su conversación y Teodora se esconde en la alcoba. Los amigos entran llevando en brazos al malherido don Julián, que acaba de batirse con Nebreda. Como necesitan meterle en cama, don Severo se dirige hacia la alcoba. Ahí está Teodora. Escándalo.

En el acto III, en una atmósfera de tensiones siempre *in crescendo,* cada uno aboga por su «verdad». En la alcoba está agonizando don Julián. En el salón, hablan Mercedes y Pepito, los dos convencidos de que ha estallado el escándalo. Románticamente desesperado y exasperado, se presenta Ernesto que acaba de matar a Nebreda e insiste en la inocencia de Teodora. Aunque está dispuesto a morir por ella, huye ante la posibilidad de verla. Entra Teodora y Mercedes le cuenta lo hecho y dicho por Ernesto, interpretando equivocadamente la admiración que demuestra Teodora y encontrando en todo lo que ésta dice indicios de culpabilidad. Teodora acaba por convencer a Mercedes de su propia inocencia, pero entonces ésta le miente insistiendo en que Ernesto había confesado su amor culpable. Teodora decide despedir personalmente a Ernesto. Una acalorada entrevista entre éstos termina con Ernesto, de rodillas, ante Teodora, implorando de ella la verdad. Entra don Severo, que expresa su incomprensión e insiste en que Ernesto abandone la casa. Teodora sale en defensa de Ernesto y, al igual que su mujer, don Severo encuentra en todo motivo de culpabilidad. Ernesto se exalta en defensa de Teodora y obliga a don Severo a arrodillarse ante ella. Entra entonces don Julián, convencido de la maldad de los dos, e insiste en que ante él crucen las miradas en prueba de su inocencia. Como no pueden, se enfurece

y le da una bofetada a Ernesto. A solas éste y Teodora
protestan por la injusticia, y se están consolando
cuando oyen gritos procedentes de la alcoba. Don
Severo les impide entrar y les ordena salir de la casa.
Ernesto, con Teodora en sus brazos, decide hacer
verdadera la mumuración: «Nadie se acerque a esta
mujer; es mía./ Lo quiso el mundo; yo su fallo acepto»
(III, escena última). Termina el drama con la reitera-
ción de la tesis.

La versificación

Los tres actos de *El gran Galeoto* constan de 2.838
versos, repartidos entre romances (ocho sílabas, rima
asonante), redondillas (ocho sílabas, rima consonante),
y romances heroicos (once sílabas, rima asonante).
Sólo dos veces cambia la métrica dentro de una escena: en la sexta y en la última del acto III. Con excepción del empleo del romance heroico en escenas de
fuerte carga emocional, no se aprecia atención en la
adecuación de la forma al contenido. La distribución
de formas métricas es la siguiente:

Acto	Escena(s)	Forma métrica	Rima	Verso desde	hasta
I	I	romance	é-o	1	232
	I > II	redondillas		233	910
II	I-II	romance	á-o	911	1200
	III	redondillas		1201	1380
	IV	romance	í-o	1381	1500
	V-VII	redondillas		1501	1964
	VIII	romance	á-a	1965	2006
	IX	redondillas		2007	2030
III	I-III	romance	á-a	2031	2160
	IV	romance heroico	é-a	2161	2316

Acto	Escena(s)	Forma métrica	Rima	Verso desde	Verso hasta
	V	redondillas		2317	2424
	VI	redondillas		2325	2396
		romance	á-a	2397	2514
	VII	redondillas		2515	2626
	VIII-IX	romance heroico	é-o	2627	2766
	X	redondillas		2767	2778
	Última	redondillas		2779	2818
		romance heroico	é-o	2819	2838

Adecuación entre el estilo y el contexto

Aunque la segunda mitad del siglo XIX presenció el triunfo del realismo en la novela, el drama neorromántico de Echegaray sigue por su propio camino, incluso cuando aborda la representación de la vida burguesa contemporánea. *El gran Galeoto* se ocupa poco de la representación de las actividades de la vida cotidiana de los personajes de la clase financiera madrileña. Sólo surgen acá y allá algunas alusiones a características o costumbres definidoras, a fin de ubicar a los personajes en determinada capa social: los negocios bancarios de don Julián (por ejemplo, la historia de la ayuda que le prestó a don Julián el padre de Ernesto o la alusión de don Julián a su corresponsal en Londres), la asistencia al teatro y otras actividades sociales y la poca paciencia del banquero, hombre práctico, con el pensamiento abstracto al que denomina «metafísico» (Diálogo) o «esas filosofías» (I, ii). La moral practicada por los personajes también se armoniza con esta orientación moderna, burguesa y laica, con énfasis en las causas y efectos sociales de la conducta. La «moderna

28

sociedad... castiga/con más saña y crueldad... la imprudencia temeraria» (I, vi).

En cambio, los personajes tienen alma romántica, se ven metidos en una situación «romántica» y son románticas sus reacciones ante las circunstancias. En este sentido, la caracterización de los personajes melodramáticos de Echegaray se diferencia poco de la de los personajes de la novela realista contemporánea. Pero, si los novelistas tratan irónicamente el romanticismo de sus personajes, tal no es el caso en el teatro de Echegaray. Éste y su público se habían formado en un mundo de sensibilidad romántica, y si no era siempre «verosímil» ni «realista» la representación teatral de la vida contemporánea, el público tampoco exigía que lo fuera.

Es posible afirmar que sería la prosa lo «más natural» para la representación verosímil de personajes de la clase financiera. Pero hay que tener en cuenta que *El gran Galeoto* (tres actos, en verso) es la proyección en drama de las íntimas preocupaciones del poeta Ernesto dirigida a un público de preferencias estéticas iguales a las de don Julián. De haber podido, Ernesto hubiera escrito un drama de gestos, miradas y silencios significativos, en fin, un «drama experimental». Es decir, el gusto del joven le llevaría hacia otra estética. Pero sigue las indicaciones de don Julián y produce un melodrama en verso de un estilo «ecléctico», en el que los versos tienen poco lirismo y surgen elementos derivados de la poesía de épocas anteriores.

El contexto moral se expresa preferentemente en dichos y refranes propios de gente práctica: Ernesto: «... que mi padre me decía:/"Lo que tú puedas hacer,/a nadie lo has de encargar" » (I, ii); Don Severo: «De niño y de enamorado/se llora sólo en la vida» (I, iii); Mercedes: «Mira: Cuando suena el río,/agua lleva, poca o mucha» (I, vi); Mercedes: «Mira:/Cuando mu-

cho el alma admira,/ va camino del querer» (III, vi)
Mercedes: «¿Nunca has oído/que van lástima y olvido/
a la par en la mujer?» (III, vi).

A pesar del empleo de versos, son pocas las imágenes y figuras. Pocos son los hipérbatos. Y pocas son
las metáforas desarrolladas a lo largo de varios versos,
como la de la charca-mar, que representa la murmuración contra la cual lucha Ernesto (acto I, iii). La
imaginería relacionada con la luz (calentura, fiebre,
iluminación, llama, etc.) del acto II, ix, es la única de
alguna extensión y contrasta con la ofuscación reinante
entre los personajes.

Igual que el drama romántico, el de Echegaray tiene
reminiscencias del teatro del Siglo de Oro. Algunos
versos suenan a versos de comedia. En el siguiente
parlamento, hay reminiscencias de las imágenes mili-
tares de la poesía amorosa clásica: Don Julián: «Deja
franco/ el portillo a la salida,/y cierra bien en
pasando,/que en fortalezas de honor/ es mal alcaide el
confiado» (II, i). Y, en el siguiente, se ve la comparación clásica de la mujer con una rosa frágil: Don
Julián: «En mostrando tu semblante,/ de la salud de tu
cuerpo/ como fruto, esas dos rosas» (I, i). Notará el
lector que el primer parlamento de Teodora recuerda
vagamente al Calderón de *La vida es sueño:* «... si en la
esfera de zafir/ escriben astros de fuego/ de los humanos destinos/ el misterioso secreto...» (I, i). Y, en ellos,
el vocabulario se hace eco del de la letrillas satíricas:
Ernesto: «Este oficio (de *medianero*) que en doblones/
convierte las liviandades,/ y concierta las voluntades,/
y se nutre de aficiones...» (II, v). Tanta reminescencia
de la retórica de una época pasada en boca de personajes «modernos» contribuye a quitar contemporaneidad
a los parlamentos y a la acción, elevándolos a una zona
de idealidad poética. Y los elementos conceptistas que

surgen en la prosa y en los versos no pueden dejar de recordar al público que la retórica poética no está supeditada a fines exclusivamente dramáticos, sino que también es objeto admirable en sí.

Siempre parece más «anticuado» lo de la generación de los padres. Y los contemporáneos y las generaciones posteriores encontraban trillada y ripiosa la retórica neorromántica de Echegaray. Sin embargo, es evidente que el autor no buscaba sólo llenar el verso con una expresión como «¡Voto a san!» en boca de don Severo (I, iv). Su carácter y las circunstancias pedían una expresión fuerte; parecido caso se da en el empleo por don Julián de «¡Por Belcebú!» (II, iii). Aunque pertenecen estas expresiones a la trillada retórica romántica, son lenguaje fuerte para personajes que se escandalizan ante la posibilidad de decir *alcahuete* y buscan refugio en eufemismos. En cambio, muy romántico es el que primero Ernesto (III, vii) y luego Teodora expliquen su estado de ánimo con «Yo desvarío» o el que los personajes presos de un pensamiento impuro se crean poseídos de Satanás: Ernesto: «Vete, vete,/ pensamiento de Satán/ que tu fuego me devora» (II, v); Teodora a Mercedes: «... que Satanás por tus labios/ aconseja, inspira y habla» (III, vi) y Ernesto a don Severo: «Iba a salir ha poco, para siempre,/ y Dios o Satanás me detuvieron» (III, viii). Hay, en cambio, otras imágenes «eternas»: la virtud femenina es un *espejo;* el mundo es una *víbora de mil cabezas* (II, i); el iracundo don Severo es un *tigre de Bengala* y Teodora, aparentemente arrepentida, *una Magdalena* (III, ii). Parecido efecto surten los arcaísmos «ha poco» (I, i y III, vii) y «diz Francesca» (II, v). Los acaso más curiosos ejemplos de ripios —sin duda el lector alerta encontrará otros— se hallan en los momentos de gran exaltación emocional de Ernesto:

«Espíritu aventurero,/ me voy cual nuevo Colón...» (I, viii); «¿Acaso el amor impuro,/ en este mundo de barro,/ es entre hombres y mujeres/ único y supremo lazo?» (II, i) y ¡Ah!... ¡Qué mi sangre se inflama!/ ¡Saldré de España!» (III, escena última).

En fin, no fue el propósito de Echegaray crear un drama realista. Pero como se tomó el trabajo, en el «Diálogo», de hacerle decir a Ernesto que la pieza dentro de la pieza se escribe con intención de agradar al público cuyo portavoz es don Julián, la cuestión de la adecuación del estilo al contenido resulta menos problemática en este caso que en algunos otros dramas de Echegaray en los que no aborda la cuestión.

Dimensiones intertextuales: El «Diálogo»

Según consta arriba, el título de *El gran Galeoto* se deriva del episodio dantesco de Paolo y Francesca, de manera que desde el primer momento resulta patente la procedencia literaria de la inspiración. Y está claro que el teatro neorromántico, ni en los parlamentos ni las situaciones, intenta disimular su propia naturaleza con sus raíces en la tradición literaria. Esto es común en la tradición nacional, desde Lope de Vega y Calderón, hasta el drama declamatorio del primer Romanticismo con sus amores desgraciados, a los que poco tienen que envidiar los de Ernesto. Además, la estructura de la obra dentro de otra obra destaca la índole francamente literaria del drama. Tamayo y Baus insufló nueva vida en esta tradición en 1867 con *Un drama nuevo,* teniendo en cuenta la inspiración del Shakespeare tan admirado por Echegaray. Y éste subraya la importancia del carácter literario de su propia obra, concediéndole al poeta Ernesto el papel de autor. El

«Diálogo», en el que Ernesto expone sus ideas, facilita otros indicios, éstos bastante explícitos, para interpretar las intenciones estéticas de la pieza dentro de la pieza.

Además de ser excelente fuente de ideas sobre el concepto del drama de Echegaray, el «Diálogo» entre don Julián y Ernesto alude directamente a la literatura anterior tenida en cuenta por Echegaray y Ernesto en sus «respectivas obras». Sin embargo, hay otra intención, la de representar en el «Diálogo» la intriga del *primer* drama de que están hablando Ernesto y don Julián. Entendida así la relación entre diálogo y drama, entre la breve pieza inicial y la pieza dentro de otra pieza en verso, resultan más complejos y hasta más sutiles la forma y el contenido de *El gran Galeoto*.

Al negarse a poner título en castellano al drama que quisiera escribir, Ernesto alude a *La comedia nueva o El café:* de Leonardo Fernández de Moratín: «... a no ser que lo pusiéramos en griego para mayor claridad, como dice don Hermógenes» (Ernesto lo pone en italiano). Esta cita explica cómo se las arregla Echegaray para conseguir el efecto deseado. La comedia moratiniana puso en ridículo el exagerado melodrama «calderoniano», ya tradicional en el siglo XVIII, *El gran cerco de Viena,* escrito por el inexperto don Eleuterio. Después de su fracaso, el ilustrado y filantrópico don Pedro, erigiéndose en su protector, rescata a don Eluterio de la ruina. En el «Diálogo», don Julián no encuentra ningún mérito ni motivo de éxito en el drama proyectado por su protegido. Sin título, sin situación de efecto, sin amores desgraciados y sin catástrofes con explosión, la obra de Ernesto resultará demasiado lenta e íntima, sobre todo si se expresa mediante palabras sueltas, miradas fugaces y sonrisas indiferentes encaminadas a subrayar la idea eje del efecto que puede obrar la murmuración. Don Julián cree que la acción del drama debería comenzar exactamente en el punto en que terminaría la obra proyectada. Y el drama de Ernesto titulado *El gran Galeoto* reúne todas las características excluidas del plan primitivo: amores desgraciados, situaciones de efecto, catástrofe con explosión y una acción que se exterioriza en un tiempo rápido. Don Julián se sale con la suya. Echegaray afirma, así, que lo condenado por Moratín es todavía lo popular y lo único que asegura el éxito. Aludiendo a *La comedia nueva* Echegaray defendió su concepto de drama en contra de la crítica contemporánea, crítica que algo debía a los intentos de implantar el Neoclasicismo en el siglo XVIII. Y algo de esto logró en el «Diálogo», que, como obra dramática, carece de los elementos que caracterizan el melodrama. Un melodrama así enmarcado tiene que interpretarse con sumo cuidado.

El «Diálogo» consiste en un soliloquio de Ernesto, interrumpido por don Julián y Teodora y reanudado cuando Ernesto se halla solo, antes de caer el telón. Al principio, en lenguaje figurado habla apasionadamente de las dificultades que le produce el acto de escribir. Absurdo sería tomar en serio este parlamento como un intento de Echegaray de explicar la creación literaria, porque Ernesto mismo entiende que se está portando extremosamente: «La fortuna que nadie me ha visto; que por lo demás estos furores son ridículos y son injustos.» Cuando, al fin, vuelve a tomar el hilo de su soliloquio emplea de nuevo el «lenguaje poético». Semejante lenguaje sirve para indicar que el público presencia la intimidad del personaje-poeta. Los poetas, ¡seres superiores!, en la soledad hablan como escriben.

Y Ernesto busca una perspectiva por encima de la de los demás:

Alzad vuestros techos, casas mil de la heroica villa, que, por un poeta en necesidad suma, no habéis de hacer menos que por aquel diablillo que traviesamente os descaperuzó. Vea yo entrar en vuestras salas y gabinetes a damas y caballeros,... Lleguen a mis aguzados oídos las mil palabras sueltas de todos ésos que a Julián y a Teodora preguntaban por mí.

Esta alusión a *El diablo cojuelo* de Luis Vélez de Guevara recuerda la sátira menipea de Luciano de Samosata: vista desde muy alto resulta empequeñecida la estatura de los seres satirizados, cuya talla exigua luego parece proporcional a su carácter menguado. Aunque Ernesto no desarrolla la imagen, él sabe lo que sabe el público, que es el blanco de la murmuración y se cree una víctima. Sin embargo, él, como víctima, será superior a sus detractores. Esta actitud del satírico ante sus satirizados subraya la intención del drama y la deformación de la realidad conseguida en la obra. Entendido así el melodrama, Echegaray se anticipó a sus detractores que, como Valle-Inclán, creerían «descubrir» una realidad distorsionada en un drama que la distorsiona a propósito y a conciencia.

Caracterización y estructura de la experiencia

Concluido el «Diálogo», comienza el drama que don Julián le recomendó escribir a Ernesto. La preocupación de éste por el tema de la murmuración madrileña refleja la «realidad vivida» del «Diálogo», experiencia que le afecta profundamente si se tiene en cuenta su irritabilidad al oír que, en el Teatro Real, todo el mundo había preguntado por él. Sus reacciones desmesuradas sugieren que tal vez otros hayan comprendido mejor que él sus verdaderos sentimientos, no sólo de su amor por Teodora, sino del horror que le inspira el pensar en el posible cumplimiento de sus deseos. En tal contexto, el sentir tanto ojo fijo en él puede interpretarse como la conciencia de la propia culpabilidad. Las palabras recitadas por el Ernesto del melodrama abordan la cuestión de los orígenes de su preocupación: «¿La murmuración que cunde/ nos muestra oculto pecado/ y es reflejo del pasado...?» y «¿Marca (la murmuración) con sello maldito/ la culpa que ya existía...?» Enfocado el drama desde esta perspectiva, las pasiones a las que da expresión ponen de manifiesto la pesadilla que a Ernesto le inspiran sus sentimientos ocultos. La creación literaria es expresión y transformación de esta experiencia «autobiográfica». Y poco extraña el que Ernesto proyecte la culpa en otros a quienes retrata como si fueran de talla exigua, por lo menos en el sentido moral. ¿Qué estética más adecuada para alguien con el dilema de Ernesto, que la defendida por don Julián, a quien no puede dejar de considerar como antagonista y víctima? ¿Y no ha de ser también la preferida por una sociedad compuesta de murmuradores?

El argumento está estructurado cuidadosamente a fin de subrayar la tesis. La psicología de los personajes y las directrices de la acción son relativamente sencillas y los personajes mismos se encargan de explicarlas. Apenas le cuenta Mercedes a Teodora el motivo de sus preocupaciones, ya ésta entiende el alcance del problema: «¡La calumnia miserable/ no mancha sólo, envilece!/ ¡Es engendro tan maldito/ que, contra toda evidencia,/ se nos mete en la conciencia/ con el sabor del delito!» (I, vi). Y, en el acto III, se anuncia que la calumnia está logrando su efecto: «¡Lo horrible es que se mancha el pensamiento/ al ruin contacto de la ruin idea!/ ¡Que a fuerza de pensar en el delito,/ llega a ser familiar a la conciencia!» (III, iv).

También hay poco misterio con respecto a cómo funciona la vida psíquica de los personajes. Don Julián explica cómo se manifiesta en los personajes el combate de emociones e ideas encontradas: «Pero en toda acción humana/ siempre hay algo complejo;/ siempre hay dos puntos de vista,/ y siempre tiene un reverso/ la medalla» (I, i). Y a medida que crece el conflicto, se lanza a otro parlamento sobre el dilema de verse entre dos contrarios: «De modo que en esta lucha/ de dos impulsos contrarios,/ para los demás soy juez,/ y soy un cómplice en tanto...» (II, i). La atención a estos aspectos de la psicología de los personajes subraya el origen social de los problemas del individuo, al mismo tiempo que destaca el método melodramático que emplea la oposición de contrarios.

La caracterización de los personajes refleja los sentimientos ambivalentes de Ernesto. Y, al elaborar su autorretrato de personaje, da rienda suelta a su carácter voluble. A la vez, su condición moral le lleva a exagerar la virtud de sus víctimas y la ferocidad de sus acusadores. Los demás personajes son menos complejos. Si son buenos, honrados y sencillos, sufren y son víctimas de los malos verdaderamente incansables. Don Julián y Teodora son encarnaciones de la sencillez, la honestidad, la rectitud y la generosidad. En cambio, los representantes de la sociedad murmuradora lo son de la suspicacia, la severidad y la falta de piedad. Este contraste hace inevitables las exageraciones del melodrama.

El idealismo que encarna Ernesto (y don Julián hasta descubrir a Teodora en casa de aquél), con su tendencia a la extremosidad, y el concepto de la sociedad, como esencialmente antagónica a la virtud, caracterizan el romanticismo de Echegaray. En el acto II, don Julián entiende que su vida está en manos de fuerzas ajenas a su dominio: la vida es teatro, su propia experiencia un drama para el cual el mundo escribirá el desenlace (II, i). Este comentario enlaza con la tesis sobre el efecto de la murmuración, y alude, algo a lo naturalista, al efecto obrado por el ambiente en el individuo. Sin embargo, la fatalidad no se manifiesta exclusivamente como obra de la sociedad. El fatalismo de Ernesto, más que sistemático, es reacción desesperada a circunstancias adversas. En su larga entrevista con Teodora, parece fatalista cuando dice que no le preocupa el duelo porque «Si le mato, gana el mundo;/si me mata, gano yo» (II, v). Pero estas palabras también forman parte de lo que puede interpretarse como su plan «inconsciente» de seducir a Teodora. Al principio del Acto III, Ernesto se queja de su negra suerte; pero sólo destaca el tema cuando todos le vuelven la espalda. Entonces habla de su «maldecida suerte» (III, vii) y hasta se cree poseído por el diablo (III, viii). Sus protestas contra la injusticia hacen pensar en el protagonista del *Don Álvaro o La fuerza del sino,* del Duque de Rivas, al verse sin salida después de años de persecuciones.

Aunque *El gran Galeoto* ha perdurado como la obra maestra de Echegaray, la crítica se ha ocupado poco de las ambigüedades comentadas. Por consiguiente, se ha gastado mucha tinta en comentar el desajuste entre, por una parte, el intento de representación de la sociedad moderna y, por otra parte, los ideales, acciones y retórica arcaicos de los personajes. Aunque esa crítica tiene su lugar en la valoración de otras obras del autor, parece algo fuera de lugar en este caso.

«El gran Galeoto» en la década de 1880

El drama fue acogido con bastante entusiasmo; aunque los críticos llamaron la atención sobre sus defectos, acordaron que era el mejor drama de Echegaray hasta la fecha. El artículo de Manuel de la Revilla sobre el estreno de *El gran Galeoto* fue el último que dedicó a las obras de Echegaray, de las que sólo había elogiado cuatro anteriores. Para este crítico, este drama docente o trascendental tiene en dosis menores los defectos de siempre: algunas inverosimilitudes y recursos artificiosos o violentos. La fácil y correcta versificación contiene pensamientos ingeniosos y profundos y algunas frases conmovedoras. En la bien planteada acción, que lleva directamente al desenlace, abundan situaciones conmovedoras. La exposición del acto primero es excelente, la conclusión trágica del segundo está «diseñada de mano maestra», pero en el tercero resulta violenta la expresión de los afectos. En la caracterización de Ernesto, se reúnen elementos de Byron y de Heine con mezcla de la melancolía de Leopardi y el pesimismo de Schopenhauer. En esta personalidad inquieta, se despierta una implacable pasión amorosa en lucha con el deber. Aunque es verosímil el papel de Teodora, la caracterización de don Julián supone una «imprevisión inconcebible» en un marido.

Según Armando Palacio Valdés, en su artículo sobre el estreno, el temperamento de los españoles, amantes de la sangre y la tragedia, hace necesario forzar los sentimientos a expensas de la verdad. Estas preferencias habían influido en las obras históricas, pero, en *El gran Galeoto,* palpitaban las ideas y sentimientos de la época. El tema es verdadero y profundo y el acto de llevarlo al teatro, un rasgo de audacia. La acción tiene unidad y se desenvuelve regular y ordenadamente. El lenguaje, antes más enfático que enérgico, es, en este caso, vigoroso, natural y preciso; la versificación es más suelta y fluida. Aunque los personajes principales tienen el relieve y la fuerza necesarios, les faltan los «matices delicados» de que son capaces otros poetas; en los secundarios algo borrosos, se ve más lógica.

Aunque Pi y Arsuaga (1884), haciéndose eco de la imperante crítica negativa, encontró en *El gran Galeoto* mucho efectismo y bastante convencionalismo, lo consideró uno de los mejores dramas de Echegaray, un drama sociológico en armonía con la época del positivismo en la marcha hacia el realismo, en el que el autor presenta detalladamente los efectos de la maledicencia, un vicio presente en todos, que se debe al deseo de explicar lo que no se ve. Don Severo y Mercedes son tipos excelentes: él, hipócrita y repugnante como todo fanático, rinde un culto a las conveniencias sociales superior al que rinde a Dios; ella, melindrosa y austadiza, hace con su marido arriesgadas conjeturas y presta atención a todo lo que se dice. En cambio, Ernesto es demasiado fatalista y llorón, y, como dramaturgo, al hacer que Teodora visite a Ernesto, se sirve de medios pobres para probar que la calumnia se convierte en realidad. En los desafíos, Pi ve el comienzo de los desaciertos (sin duda, quería decir «típicos»): el destrozamiento de los caracteres, el surgir de situaciones falsas, los recursos malos y los efectos traídos por los pelos.

Parodias

Tres parodias recuerdan las vicisitudes por las que
han pasado las reacciones de escritores hacia *El gran
Galeoto* y al drama de Echegaray en general. *Galeotito*
de Flores García (1881), demuestra que era posible
disfrutar de la representación del drama y también de
la parodia; la obra atraía mientras se cuestionaba por
qué. Para el Valle-Inclán de 1925, Echegaray, su España y su obra eran símbolos de una ideología estática,
opresora, antihumana y antivital. En cambio, en el
Madrid franquista de 1945 la manera y el estilo fueron
objeto de risa por exagerados y por pertenecer a otra
época, sin que asomara una explícita crítica ideológica.

Galeotito, «juguete cómico en un acto, dos cuadros y
dos palabras en particular, en verso», de Francisco
Flores García, aborda el tema y el enfoque «desde
abajo», realizándose la acción entre personajes de las
clases «populares». Demetrio (Ernesto) busca embro-
mar a Juan (don Julián), llamándole «tercero»; y esto,
junto con la alusión a *La Celestina,* llama la atención
sobre el abuso del eufemismo entre los personajes.
Otros eufemismos, indirectas y pausas significativas
están reemplazados por un lenguaje expresivo: «ganarse la rosca», «pintarle a uno un chirlo en la cara», etc.
Otro elemento de farsa surge en las alusiones picares-
cas, que no parecen fuera de lugar por reflejar lo que
piensan los murmuradores: que Juan es un cornudo
consentido y su mujer algo alegre de cascos. En vez
de casa de lujo, Juan habita «casa decente» con Salvadora (Teodora) y con Demetrio (Ernesto), a quien
coloca de hortera. En el duelo, el vizconde le adminis-
tra a Juan una paliza y luego Demetrio le vence con
una navaja.

Se cuestiona la tesis cuando Salvadora dice que si a

alguien se le atribuye un crimen, tiene que cometerlo; y se sugiere que la acción está subordinada a fines didácticos al decir Juan que él y Antero (Severo) pueden, pero no quieren, evitar que los murmuradores decidan el desenlace. Se exageran los caracteres haciendo que pregunte Antero quién mejor que un hermano para darle un disgusto a otro hermano contándole la infidelidad de su mujer. Demetrio parodia el efectismo al decirle al criado que quite la luz *para* crear efecto. Se parodia la inverosimilitud del diálogo, diciéndole Salvadora a Demetrio que suba a ver a su primo porque el plan del autor lo exige. Se subraya también la falta de lógica de otras situaciones. Después de oír pasos y la voz de Antero en el pasillo (Cf. acto II), Demetrio le dice a Salvadora que tiene que quedarse en su casa para «una gran situación» y se llama la atención sobre la casualidad de que haya en la misma casa habitación para el duelo. Juan, parodiando la escena en que el agonizante don Julián habla largamente, anuncia que piensa charlar un rato; efecto semejante se logra observando que el que se miren Salvadora y Demetrio demuestra que ¡no son ciegos! Al final, Antero le advierte a Demetrio que le mandan al Saladero, si sale a la calle llevando en brazos a la desmayada Salvadora. Semejantes parodias servían para atraer público y vender ejemplares del drama; la misma editorial publicaba *El gran Galeoto* y el *Galeotito*.

Gómez de la Serna coleccionó anécdotas de la fobia-Echegaray que padecía Valle-Inclán, hasta el punto de que llegó a encerrar a su mujer con llave para impedir que hiciera un papel en *El gran Galeoto*. Sin embargo, escribir el *Esperpento de los cuernos de don Friolera,* en contra del tipo de dramas que simbolizaba *El gran Galeoto,* consiguió para este escritor uno de sus mayores éxitos. Para reenfocar el tema de la infidelidad conyugal y definir su obra estética e ideológicamente, Valle necesitó hacer patente el parentesco entre su obra y las de Echegaray, Cano y Sellés. Cita dos veces directamente a Echegaray y *El gran Galeoto*. En la escena IV Pachequín subraya la semajanza de su situación con la de Ernesto, diciendo que, ya que el mundo le da a doña Loreta, la toma, «como dice el eminente Echegaray». Y la acotación que encabeza el epílogo alude a carteles anunciadores de algunas obras —de Echegaray, Sellés y Cano— cuya tonalidad armoniza con la del romance de ciego que se recitará. El romance y el teatro castellano tradicional (calderoniano) son expresión del concepto del honor derivado del africano en el que Valle encuentra crueldad, dogmatismo, frialdad y furia escolástica, faltándole al teatro oficial la grandeza de la ciega pasión natural shakespeariana. Para Valle y otros miembros de su generación, el teatro de Echegaray representaba un pasado ideológico y estético con el cual era preciso romper.

Un drama de Echegaray... ¡ay!, comedia en tres actos de Luis Tejedor y Luis Muñoz Lorente, se estrenó en 1945. Con versos exageradamente ripiosos y acotaciones detalladas, los autores remedaron las múltiples complicaciones, las situaciones de efecto y el clímax con explosión de una acción melodramática que se desarrolla en el Madrid de la década de 1890 con una tesis antidonjuanesca y con personajes metidos en un conflicto entre dos deberes o entre el amor y el deber. Germán, marido de Áurea y padre de Jacinta, hace 25 años tuvo otra hija, Berta, con una costurera. Arturo, amigo de Germán, intenta seducir a Áurea, pero una carta para ésta cae en manos de Jacinta que también está locamente enamorada de él. Además, Germán se pone celoso al oír las palabras que pronuncia Áurea al recobrarse de un desmayo. Arturo, obligado a casarse

43

con Jacinta para que no se revele su amor por Áurea, es perseguido por Berta, la otra hija de Germán, a la cual sedujo y abandonó. Para resolver tanto conflicto, los autores echan mano del recurso del clímax violento de Echegaray. La enloquecida Berta acude a estorbar las bodas de Jacinta con Arturo y apuñala a Germán cuando éste revela que es hija suya. Al fin, Arturo queda en escena, rodeado de mujeres enamoradas y vengadoras, esperando morir pronto, porque esto es mucho castigo incluso para tan gran pecador. La decisión de llevar a las tablas esta parodia exigió que se subrayara la *manera de Echegaray,* cuyo recuerdo sobrevivía aún entre el público.

Crítica contemporánea en general

La crítica de los contemporáneos de Echegaray expresa siempre alguna dosis de ambivalencia y de contrariedad; se hubiera preferido que el dramaturgo de éxito clamoroso fuera menos continuador del teatro popular y romántico y mejor representante de las nuevas tendencias literarias e intelectuales. Aunque, tan burgueses los críticos como el dramaturgo, aquéllos vieron en éste la encarnación de los valores literarios más antitéticos a la emergente sensibilidad antiburguesa, que triunfaría con el nuevo siglo.

Al examinar la literatura posterior a la Revolución de 1868, Leopoldo Alas aseveró que el teatro estaba dentro de las tendencias hacia el libre examen presentes en las novelas de Galdós y Valera, aunque todos los dramaturgos no fueran en apariencia revolucionarios. Eran indiscutibles las facultades de poeta dramático de Echegaray que encarnaba además la literatura libre, cuya influencia llegó a ser la más poderosa desde

García Gutiérrez. A pesar de la oposición de intolerantes y reaccionarios, jamás hubo triunfo tan completo como el de Echegaray, poeta predilecto del pueblo entero. Sin embargo, en la reseña de *Mar sin orillas* surge el «Clarín» realista. No se podía aplicar al teatro de Echegaray el canon común, pero tampoco se había encontrado otro más adecuado para abordar su ingenio. El Echegaray de *Mar sin orillas* era el de siempre, no siempre equivocado en lo esencial, pero siempre equivocado en lo accesorio. En su obra faltaba unidad de composición y verosimilitud; y desde el principio su concepción de la trama había sido desigual, pensada sin tener en cuenta que la condición necesaria del drama es la semajanza con la vida. No se puede tomar de las circunstancias solamente lo necesario para los propósitos dramáticos. Sobre la línea mínima de la acción, se debe desarrollar el carácter, porque lo principal de una obra dramática es el efecto producido por el carácter de los varios individuos en el medio social que influye en ellos y en el que ellos también influyen.

José Yxart sintió cierta desilusión: después de la Gloriosa sólo la novela avanzaba por el camino de las «verdades positivas» de las concepciones modernas. El teatro de Echegaray era de un romanticismo melodramático y ejercía fascinación sobre un público que, después de años de tensión, necesitaba terroríficas emociones. Yxart no podía diferenciar entre la inspiración de los dramas históricos y la de los psicológicos y trascendentales, como *O Locura o santidad, La última noche* y *El gran Galeoto,* ni en los recursos teatrales ni en la forma. Tampoco tenían corte moderno ni intención social. Lo poco que tenían de tendencia reciente era su filosofismo pesimista e «intratable» que se amalgamaba con pasiones ficticias y volcánicas en la estructura escénica de antaño. Aunque los *casos* son internos, el desarrollo depende de acontecimientos exteriores, que conmueven y aterran a los espectadores. Los personajes, más que hombres, son gigantes que necesitan duelos. Ernesto, en *El gran Galeoto,* al batirse con la calumnia, es uno de esos héroes que forcejean en titánica lucha con una sociedad que se crea a propósito para llevarles la contraria, una sociedad-abstracción, cuyo papel consiste en justificar la *tendencia* de la obra y en engrandecer las desventuras trágicas de caballeros que ni se entienden. A pesar de ser cada vez más negativa su crítica, sobre todo al tratar de las comedias de la década de 1890, Yxart no dejó de subrayar el entusiasmo con que era acogido cada estreno ni pudo menos de reconocer que en España el antirrealismo producía el triunfo en el teatro.

Aunque a Echegaray le denominó «genio de naturaleza excepcional» e hizo acaso la *mejor* crítica de las obras individuales, Manuel de la Revilla insistió en que sus defectos se debían a la naturaleza de la actividad intelectual del matemático y a su insuficiente conocimiento del mundo. El pensamiento abstracto es incapaz de abarcar la infinita variedad de la realidad, y el idealista pinta el mundo cómo debe ser. La intriga de un drama o los problemas psicológicos y sociales son para él un problema de mecánica. Tal idealista forzosamente acaba en fatalista porque en la lógica no cabe la libertad ni el acaso: en vez de reproducir los conflictos de la vida, desarrolla lógica y fatalmente una tesis. Los propósitos del drama de tesis convierten a los personajes en abstracciones de fuerzas determinadas en un problema matemático. Echegaray no sale mejor parado por poseer una poderosa fantasía «verdaderamente oriental» y plástica. Aunque le permite crear genialmente los rasgos bellos, el vigor, el colorido y el brillo de los dramas, su fantasía le lleva a los peores errores. Sin conocer ni experimentar el verdadero sentimiento, Echegaray lo finge y lo representa con la ayuda de su imaginación. El sentimiento fingido es falso y no conoce términos medios: es teatral en vez de dramático; melodramático, en vez de patético; llorón y sensiblero, en vez de tierno y delicado; brutal y repugnante en vez de enérgico y terrible. Tal fantasía deslumbra y excita, pero no conmueve como la pasión inspirada en la intimidad del corazón. En esta condición tiene sus raíces su efectismo: la fantasía, sobre todo pictórica, se expresa en el cuadro de efecto.

En 1880 se publicaron dos libros, cada uno con un fin distinto, pero representativos de la tendencia a aseverar que Echegaray era extraordinario, aunque le quedaba bastante camino que recorrer antes de perfeccionar su arte. José Román Leal quería que Echegaray dedicara su drama a fines educativos, de acuerdo con conceptos que había elaborado a base de ideas kantianas y hegelianas. La pieza, que presenta al hombre ciudadano (no individualista) como encarnación del espíritu de la humanidad en su progreso y en relación con las inmutables leyes naturales, debe mover al público a acoger la finalidad de la razón soberana y el amor al bien por el bien. Basta notar que Echegaray no fue nunca dramaturgo ideológico a conciencia. En cambio, Fermín Herrán creía que Echegaray iba llegando a su meta como iniciador del drama de conciencia, definido así: en un solo personaje, guiado por el honor, la religión, el deber o la justicia, se levantan los afectos en lucha con la conciencia. La lucha es origen y fin de la acción y crea sus circunstancias. Los conflictos se desarrollan con ferocidad, intransigencia e irracionalidad, y logran efectos aterradores, sublimes y lúgubres. Los resultados no son los tradicionales: la derrota significa victoria, el bueno parece repugnante por su actuación virtuosa o por su sacrificio, el egoísmo resulta simpático (como pasa en la vida) y la catástrofe no modifica de pronto el estado del mundo del personaje. El énfasis cae en el planteamiento, no en la resolución, de problemas y conflictos, lo cual da gusto al público ávido del replanteamiento de cuestiones que nadie se había atrevido a abordar. El progreso hacia esta meta culminaba en la obra maestra: *O locura o santidad.*

La generación del 98 y la de Ortega y Gasset

Las opiniones de algunos miembros de la Generación del 98 evolucionaron con el tiempo y algunos reconocieron el papel histórico de Echegaray y su influencia en la literatura, incluso la propia. De acuerdo con su preferencia por una literatura antirretórica, intimista y basada en la observación, José Martínez Ruiz («Azorín»), tachó (en 1903) de vulgar, hueco, palabrero, enfático y oratorio el drama y estilo de Echegaray. Citando la observación de Juan Huarte de que el hablar bien acusa falta de inteligencia, afirmó que los personajes actuaban como epilépticos y hablaban como agitadores del pueblo. Dos años más tarde (1905), fueron apasionadas sus reacciones cuando se propuso, con motivo de la concesión del premio Nobel, un homenaje en nombre de toda la intelectualidad española. Los organizadores parangonaron a Echegaray con Cervantes, Aristóteles, Leonardo y Pascal. A fin de demostrar que no sería duradero el valor literario de Echegaray, Martínez Ruiz citó la fría acogida de *El gran Galeoto* más allá de las fronteras. Pero le importaba más demostrar que el gran orador

José Echegaray. Caricatura de Sancha (1905)

era representativo de una España en desarmonía con la nación que ya estaba despertando a una nueva era, y que un homenaje como aquél despertaría la exaltación, la irreflexión, y la inconciencia que habían preludiado el desastre nacional. La Protesta, firmada por Unamuno, los Machado, Rubén Darío, Maeztu, Grau, Baroja, Grandmontagne, Valle-Inclán y Villaespesa, entre otros, iba en contra del símbolo de un estado de cosas:

> Parte de la Prensa inicia la idea de un homenaje a don José Echegaray, y se arroga la representación de toda la intelectualidad española. Nosotros, con derecho a ser incluidos en ella —sin discutir ahora la personalidad literaria de don José Echegaray—, hacemos constar que nuestros ideales artísticos son otros y nuestas admiraciones muy distintas.

Sin embargo, Martínez Ruiz poco después citó a Echegaray desde otra perspectiva: su obra había representado un avance formidable sobre el anterior teatro sentimental. Después de la muerte del dramaturgo, en 1916, alabó su espíritu liberal, el nervio, ímpetu y robustez de su teatro, lamentando que al teatro contemporáneo le faltara la intensa emoción del de Echegaray.

A diferencia de sus compañeros de generación, Jacinto Benavente, el dramaturgo que «aniquiló» el teatro de Echegaray, no firmó la Protesta. Hijo del médico de Echegaray, Benavente y un hermano suyo, fanáticos admiradores del dramaturgo, asistieron al estreno de *El gran Galeoto*. José Montero Padilla ha reunido artículos periodísticos de Benavente, quien en uno de ellos recordó que María Guerrero le habló de cómo su arte procedía del de Echegaray. Y en otro, de 1948, afirmó que el teatro de Echegaray había sido, fundamentalmente, de eterna humanidad, y, aunque anacrónico en la representación de la realidad circunstancial, esto comenzaba a importar menos en un mundo donde se había experimentado el superrealismo y surgía renovado énfasis en la teatralidad.

También los Álvarez Quintero asistieron a representaciones en Sevilla y en Madrid. En su discurso en el centenario del nacimiento de Echegaray, declararon que, aunque el teatro de Echegaray no influyó en ellos, admiraron su poder y grandeza. Defendieron su creación romántica y abundante, producto de un temperamento libre, en contra de los que le habían pedido realismo, armonía, equilibrio y ponderación. Tampoco censuraron enérgicamente los ripios característicos, llamando la atención sobre el hecho de que el lenguaje no es siempre el mismo, y que a Echegaray se le había criticado el empleo de expresiones toleradas en otros dramaturgos de su siglo.

Para los miembros de la siguiente generación, Echegaray sigue en su papel simbólico, aunque hay uno que expresa una cierta nostalgia de una época desaparecida. Para José Ortega y Gasset, Echegaray quedó reducido a un símbolo de los males que aquejaron la Restauración, soterradamente iniciada hacia 1854, después del magnífico despliegue de energías de la primera mitad del siglo. Todos los valores eran falsos, habiéndose embotado la capacidad de apreciar lo superior. Durante este letargo nacional, la única realidad consistía en soñar que se vivía. Para los que pensaban como Cánovas, la Restauración continuaba la historia nacional: la lucha en Tetuán era prolongación de las glorias del Gran Capitán, Hurtado de Mendoza revivía en Pereda y Calderón retoñaba en Echegaray.

Ramón Goméz de la Serna expresó la nostalgia de un arrepentido claquista del Teatro Español durante la «segunda época de Echegaray», mezclada con unas observaciones destinadas a explicar la popularidad de aquel teatro. Los dramas históricos eran los que hubieran querido escribir los caballeros del público, los que les hubieran encantado a sus señoras, de habérselos leído sus esposos. Echegaray y su público compartían los mismos gustos y preocupaciones, siendo el eje de sus dramas el honor social: la inestable posición social, lo que cuesta la ambición, la soledad del artista —todo a tono con la sensibilidad burguesa.

En *El convidado de papel,* Benjamín Jarnés se sirvió del triángulo erótico —con el episodio dantesco de Paolo y Francesca como punto de partida— como motivo eje, considerado desde múltiples perspectivas. Y aunque es evidente que, a su parecer, el teatro de Echegaray carecía de la grandeza trágica del de Sófocles, *El gran Galeoto* no dejaba de ser una modalidad bien definida, de acuerdo con la cual el español de los años 20 y 30 podía figurarse melodramáticamente los amores desgraciados.

Otras perspectivas

Muerto Echegaray en 1916, Ernesto Merimée publicó el artículo que ha servido como punto de partida para las valoraciones en manuales e historias de literatura. Esta crítica reflejaba actitudes —informadas por las normas del teatro neoclásico, las tendencias «realistas del siglo XIX y la obra de Shakespeare— todavía vigentes dentro y fuera de España durante la primera mitad del siglo. Fundador del Neorromanticismo, Echegaray continuó el teatro romántico, prolongación del de Lope de Vega, guiado por la imaginación, la fantasía y los caprichos del autor. Merimée prefirió los dramas de tesis y, aunque creía que su obra maestra era *O locura o santidad,* señaló los méritos de *El gran Galeoto.* A pesar de no reconciliarse con el concepto desfavorable de la humanidad presentado en el drama, lo creyó original y basado en la observación; la tesis se deriva lógicamente de la acción y refleja la verdad de la experiencia.

Al reseñar las traducciones al inglés de *Mariana* y *El hijo de don Juan* en 1895, George Bernard Shaw destacó algunos méritos, no obstante la orientación que identificó con la «escuela» de Schiller, Hugo y Verdi. En *El hijo de don Juan,* nota que cierta dosis de cultura científica, la enfermedad hereditaria, reemplaza el destino. Pero en cuanto a la relación de *El hijo...* con *Espectros,* observa que, si la adaptada trama ibseniana ha entrado en otro terreno nacional, en la moral vuelve al terreno tradicional, sin asimilación de lo esencial de Ibsen. Aunque Shaw afirmó que estas obras podían cruzar fronteras, la representación de *Mariana* le repelió y concluyó que, por verosímiles que parezcan en España los motivos que preparan la catástrofe, resultan forzados y demasiado teatrales en Londres. En cambio, le interesó la presentación de la condición de la mujer, señalando que Mariana está dividida entre la mujer apasionadamente romántica al mismo tiempo que encarna la mujer moderna, enterada de que su degradación tiene sus raíces en el concepto romántico de la mujer.

Isaac Goldberg (1922) consideraba una de las paradojas de la vida de Shaw su defensa de Echegaray. En el resto del mundo, Echegaray era el autor de *El gran Galeoto;* y en la historia del teatro español sólo perduraría esta obra en la cual Echegaray se liberó de los recursos de un melodramatismo barato. La sencillez es la clave de su poder, y la esencia de la tragedia consiste en que los personajes son víctimas de una sociedad sin intención malévola y en la cual las fuerzas destructoras obran con la impersonalidad de la fatalidad. Los personajes principales comunican el latido del corazón de la ciudad, del mundo en pequeño.

El interés por la posible influencia de Ibsen en Echegaray continuó en Goldberg, quien creía que la autorrealización mediante la autorrepresión, característica del personaje de Echegaray, está reñida con la autorrealización fundada en el ensanchamiento de los horizontes individuales del ibseniano. A pesar de diferencia tan esencial, señaló el influjo de Ibsen en varias obras. Ruth Lee Kennedy (1926) aclaró la cuestión ibseniana, afirmando que era injusta la comparación, porque, si en sus últimos años la personalidad de Ibsen y su drama de ideas habían sido dominantes, Echegaray, desde 1874 hasta 1884, había descollado entre los demás europeos, sobre todo con *O locura o santidad* y *El gran Galeoto*. Fue el primer autor español de tragedias en combinar el drama de ideas con el de intriga y en presentar un protagonista individualista en conflicto abierto con una sociedad convencional. Además, destacó la creciente importancia de la mujer y la tendencia a individualizarla en ambos dramaturgos. En cambio, Gregersen (1933) expresó serias dudas con respecto a tal influencia al examinar de cerca las circunstancias, las fechas y las pruebas textuales.

En el cincuentenario (1966) de su muerte, Wilma Newberry escribió que algunos aspectos del drama de Echegaray prefiguraron innovaciones de Luigi Pirandello y de otros, sobre todo su presentación del tema de la verdad-locura y sus experimentos con la pieza dentro de la pieza. La devoción por la verdad y la justicia suscita parecidas reacciones de alienación de la comunidad en *O locura o santidad* y en *Il piacere dell'*

onestà. Y el tema más moderno de la locura fingida
como refugio contra las consecuencias de los propios
actos o contra una realidad insoportable está presente
en *O locura... y Il berretto a sognagli*. La aportación de
Echegaray a la pieza dentro de otra pieza se halla en
Un crítico incipiente y *El gran Galeoto*. En éste, como en
Sei personaggi in cerca d'autore, se confunden vida y
teatro. Y las quejas de Ernesto acerca de la imposibilidad de recrear la vida y de convertir su idea en obra
representable anticipan las quejas de los *personaggi* al
ver la actuación de los actores. Señalando varias seme-
janzas entre *El gran Galeoto* y *Il giuoco delle parti,*
Newberry creyó posible que Pirandello tuviera presente aquel drama al elaborar el suyo. Finalmente, hizo
constar que el no aspirar a crear obras de orientación
intelectual determinada acerca a Echegaray aún más a
la sensibilidad del siglo XX.

Sin embargo, una golondrina no hace una primave-
ra y la crítica académica de las últimas décadas continúa dentro de las líneas ya trazadas. Sigue viva la
hostilidad, a veces llevada a nuevos extremos. Francisco Ruiz-Ramón no puede encontrar mérito alguno en
lo que denomina «el drama-ripio» o «drama acéfalo»
de Echegaray, que fue un atentado dirigido, a conciencia, contra el sistema nervioso del público. Echegaray,
sistemáticamente, falseó las pasiones, vaciándolas de su
verdad humana; falseó la retórica, sustituyendo la
verborrea y sus personajes andan por un mundo di-
vorciado de lo humano. No hay manera de analizar los
temas porque deformó los términos universales, con-
virtiéndolos en ripios. Para Roberto G. Sánchez también es imposible «justificar» la obra, aunque trata de
arrojar luz sobre el fenómeno del hombre y su público. El Echegaray de los *Recuerdos* fue un hombre
siempre igual, caracterizado por una «vanidad compla-

ciente» y el «franco bienestar burgués». Formado en la época de la frivolidad y de la exaltación literaria de mediados del siglo, su concepto del arte dramático no evolucionó más allá de su gusto de niño por lo más exagerado del drama romántico. Como otros burgueses inseguros, Echegaray fue superficial, incapaz de introspección. Su experiencia de orador político fijó su preferencia en las grandes ideas conmovedoras. El público, que buscaba compensaciones ante la monotonía cotidiana, compartía los mismos gustos, la misma ignorancia, la misma repugnancia por el prosaísmo de la vida cotidiana y la misma tendencia a soñar grandezas espirituales.

El trabajo de Gonzalo Sobejano, «Echegaray, Galdós y el melodrama» realiza un enfoque sistemático, desapasionado y equilibrado. Aunque está de acuerdo con Ruiz-Ramón con respecto a los defectos del teatro anacrónico y romántico, Sobejano cree que el drama contemporáneo —aun con defectos— presentó el mundo conocido por el público, tenía ambientación y problemática moral contemporáneas, crítica de prejuicios e innovación técnica. Sus temas son cuatro: verdad, honor, libertad y fatalidad; y estos términos entran en oposición desigual con otros: en *El gran Galeoto* y *O locura o santidad* la verdad está en conflicto con la opinión y en *En el seno de la muerte* se halla conflicto entre el amor y el honor. En la acción dramática pugnan dos voluntades o una voluntad contra un obstáculo colectivo; y en vez de buscar soluciones, los personajes las encuentran hechas, como Ernesto en la murmuración. No hay síntesis ni superación: vence siempre el término negativo; y de su vencimiento se infiere la victoria de la víctima. En estas oposiciones y en los desenlaces cruentos se encuentra lo esencialmente melodramático. Aunque Sobejano defiende otros aspectos de este teatro (por ejemplo, no hay tanto ripio como se cree), está de acuerdo con los que creen que la fórmula dramática de Echegaray halagaba el instinto de rebaño de un público de moral ordinaria. En cuanto a la exploración por Echegaray de la sensibilidad de la mujer, cree que desde 1892 influyó poderosamente en él el talento de la actriz María Guerrero. Este estudio, con miras comparativas, es el mejor análisis del teatro de Echegaray.

Aunque poco se ha hecho para reinterpretar *El gran Galeoto*, Fernando Ibarra se ha ocupado de los intentos fracasados de representación del drama en París; y Alberto Castilla ha comentado los folletos satíricos contemporáneos y la parodia de Flores García. Vicente Cabrera ha aclarado en su detallado artículo en qué medida Valle-Inclán parodió la obra de Echegaray y la de otros.

ESTA EDICIÓN

Esta edición se basa en la de las *Obras dramáticas escogidas,* Tomo II, Madrid, Tello, 1884, la más cuidadosamente preparada en vida del autor. En las notas al texto se señalan diferencias textuales con la primera edición, Madrid, Imprenta de José Rodríguez, 1881. Se han modernizado la ortografía y la puntuación, teniendo en cuenta las ediciones citadas.

DECLARACIONES ÍNTIMAS

DON JOSÉ ECHEGARAY

Rasgo principal de mi carácter	*No lo sé.*
Cualidad que prefiero en el hombre	*No me basta con una: necesito dos: honradez y talento.*
Cualidad que prefiero en la mujer	*Necesito muchas: bondad, hermosura, simpatía, inteligencia.*
Mi principal defecto	*No lo sé, y si lo supiera no lo diría.*
Ocupación que prefiero	*La lectura.*
Mi sueño dorado	*Generalmente, cuando duermo no sueño.*
Lo que constituiría mi desgracia	*Esta es una X que tiene muchos valores.*
Lo que quisiera ser	*Inmortal en cuerpo y alma.*
País en que desearía vivir	*España.*
Color que prefiero	*Todos los del arco íris.*
Flor que prefiero	*Todas.*
Animal que prefiero	*El perro.*
Mis prosistas favoritos	
Mis poetas favoritos	
Mis pintores favoritos	
Mis compositores favoritos	*Muchos.*
Mis políticos favoritos	
Héroes novelescos que más admiro	
Héroes que más admiro en la vida real	
Manjares y bebidas que prefiero	*La comida española.*
Nombres que más me gustan	*Los que no sean ridículos.*
Lo que más detesto	*La «nada».*
Hecho histórico que más admiro	*No lo sé.*
Reforma que creo más necesaria	*La de la enseñanza.*
El don de la Naturaleza que desearía tener	*Todos.*
Cómo quisiera morirme	*De ningún modo.*
Estado actual de mi espíritu	*Bastante agradable.*
Faltas que me inspiran más indulgencia	*Si no son más que faltas, todas.*

Madrid 17 de Marzo de 905   *José Echegaray*

Cuestionario hecho por la revista *Blanco y Negro* a José Echegaray

BIBLIOGRAFÍA

Ediciones

ECHEGARAY y EIZAGUIRRE, José, *El gran Galeoto,* Madrid, Imprenta de José Rodríguez, 1881.
— *El gran Galeoto, Obras dramáticas escogidas,* Tomo II, Madrid, Tello, 1884.
— «El gran Galeoto», en *Nineteenth Century Spanish Drama,* ed. Lewis E. Brett, Nueva York, Appleton, Century, Crofts, Inc., 1935.
— *El gran Galeoto,* ed. Aurelio M. Espinosa, New and Revised Edition, Nueva York, Alfred A. Knopf, 1926.
— *Teatro escogido,* Prólogo de Amando Lázaro Ros, Madrid, Aguilar, 1957.

Parodias

FLORES GARCÍA, Francisco, *Galeotito,* 2.ª edición, Madrid, Imprenta de José Rodríguez, 1881.
TEJEDOR, Luis, y MUÑOZ LORENTE, Luis, *Un drama de Echegaray... ¡ay!,* Madrid, Prensa Castellana, 1947.
VALLE-INCLÁN, Ramón, *Esperpento de los cuernos de don Friolera* (1925), en *Martes de Carnaval,* Madrid, Espasa-Calpe, 1964, págs. 63-173.

Crítica

ALAS, Leopoldo («Clarín»), «El libre examen y nuestra literatura presente», en *Solos de Clarín,* Madrid, Alianza Editorial, 1971, págs. 65-78.
— «*Mar sin orillas* (Echegaray)», *Ibíd.,* págs. 120-37.

ÁLVAREZ QUINTERO, S. y J., «Echegaray, dramaturgo», *Boletín de la Real Academia Española,* 19 (1932), págs. 444-53.

BARJA, César, *Libros y autores modernos,* Madrid, Sucesores de Rivadeneyra, 1925.

BUSTILLO, Eduardo, *Campañas teatrales: Crítica dramática,* Madrid, Sucesores de Rivadeneyra, 1901.

CABRERA, Vicente, «Valle-Inclán y la escuela de Echegaray: Un caso de parodia literaria», *Revista de Estudios Hispánicos* (Universidad de Alabama), VII, núm. 2 (mayo de 1973), págs. 193-213.

CASTILLA, Alberto, «Una parodia de *El gran Galeoto*», *Hispanófila,* 78 (mayo de 1983), págs. 33-41.

CURZON, Henri de, *Le Thêatre de José Echegaray,* París, Librairie Fischbacher, 1912.

DEL RÍO, Ángel, *Historia de la literatura española,* Tomo II, Edición revisada, Nueva York, Holt Rinehart Winston, 1963.

DÍEZ CANEDO, Enrique, «El gran Galeoto», *Artículos de crítica teatral: El teatro español de 1914 a 1936,* México, Editorial Joaquín Mortiz, S. A., 1968.

GOENAGA, Ángel y MAGUNA, Juan P., *Teatro español del siglo XIX: Análisis de obras,* Nueva York, Las Américas, 1972.

GOLDBERG, Isaac, *The Drama of Transition: Native and Exotic Play Craft,* Cincinnati, Stewart Kidd Company, 1922.

GÓMEZ DE LA SERNA, Ramón, *«Don José Echegaray»* en *Retratos completos,* Madrid, Aguilar, 1961, págs. 638-47.

— *Don Ramón María del Valle-Inclán,* Madrid, Espasa Calpe, 1959.

GREGERSEN, Halfdan, «Ibsen and Echegaray», *Hispanic Review,* 1933, págs. 338-40.

HERRÁN, Fermín, *Echegaray: Su tiempo y su teatro,* Madrid, Imprenta de Fortanet, 1880.

IBARRA, Fernando, «La aventura parisiense de *El gran Galeoto*», *Revue de Littérature Comparée,* 46, núm. 3 (1972), págs. 428-37.

JARNÉS, Benjamín, *El convidado de papel,* Nueva edición, Madrid, Espasa-Calpe, 1935.

KENNEDY, Ruth Lee, «The Indebtednes of Echegaray to Ibsen», *Sewanee Review,* XXXIV (1926), 402-15.

LEAL, Luis Roman, *Teatro nuevo: Echegaray,* La Habana, La Propaganda Literaria, 1880.

MARTÍNEZ OLMEDILLA, Augusto, *José Echegaray, El madrileño tres veces famoso,* Madrid, Imprenta Sáez, 1949.

MARTÍNEZ RUIZ, José, *La farándula* (1945), en *Obras completas,* Madrid, Aguilar, 1962, VII, págs. 1.059-1.244.

MATHIAS, Julio, *Echegaray,* Madrid, E.P.E.S.A., 1970.

MERIMÉE, Ernest, «José Echegaray et son Oeuvre Dramatique», *Bulletin Hispanique,* 18 (1916), págs. 247-78.

MONTERO PADILLA, José, «Echegaray visto por Benavente», *Revista de literatura,* 13 (1958), págs. 245-48.

NEWBERRY, Wilma, «Echegaray and Pirandello», *Publications of the Modern Language Association of America,* LXXXI (1966), págs. 123-29.

ORTEGA y GASSET, José, *Meditaciones del Quijote* (1914), en *Obras completas,* Madrid, Revista de Occidente, 1963, I, págs. 338-39.

— «Vieja y nueva política» (1914), *Ibíd.,* pág. 280.

PALACIO VALDÉS, A., «El gran Galeoto», *La literatura de 1881, Obras completas,* Madrid, Aguilar, 1970, II, págs. 1.481-84.

PEERS, Edgar Allison, *Historia del movimiento romántico en España,* Tomo II, Madrid, Gredos, 1954.

PI y ARSUAGA, Francisco, *Echegaray, Sellés y Cano: Ligero examen de su teatro,* prólogo de Ricardo Blanco Ansenjo, Madrid, Imprenta de Alfredo Alonso, 1884.

REVILLA, Manuel de la, «D. José Echegaray», *Obras,* Madrid, Imprenta Central a cargo de Víctor Saiz, 1883, págs. 117-27.

— *Críticas: Primera Serie,* Burgos, Imprenta de D. Timoteo Arnaiz, 1884.

ROGERS, Paul Patrick, «Why *El gran Galeoto?*», *Hispania* (EE.UU.), 6 (1923), págs. 372-77.

RUIZ RAMÓN, Francisco, *Historia del teatro español. Desde sus orígenes hasta 1900,* Madrid, Alianza Editorial, 1971.

SÁNCHEZ, Roberto G., «Mancha que no se limpia o El dilema-Echegaray», *Cuadernos hispanoamericanos,* 297 (marzo de 1975), págs. 601-12.

SHAW, George Bernard, «Spanish Tragedy and English

Farse», en *Dramatic Opinions and Essays,* Nueva York, Brentanos, 1906, I, págs. 81-89.

— «The Echegaray Matinées», *Ibíd.,* II, págs. 186-94.

Sobejano, Gonzalo, «Echegaray, Galdós y el melodrama», *Anales galdosianos,* Anejo de 1978, págs. 91-117.

Torrente Ballester, Gonzalo, *Panorama de la literatura española contemporánea,* Madrid, Ediciones Guadarrama, 1965.

Valbuena Prat, Ángel, *Historia de la literatura española,* Tomo III, Barcelona, Gustavo Gili, 1968.

Yxart y Moragas, José, *El arte escénico en España,* 2 vol., Barcelona, Imprenta de «La Vanguardia», 1894-96.

El gran Galeoto

Drama

En Tres Actos y en Verso

Precedido de un Diálogo en Prosa
Por
José Echegaray

Representado por primera vez en el Teatro Español
el 19 de marzo de 1881

PERSONAJES DE ESTE DRAMA
Y ACTORES QUE LO DESEMPEÑARON
EN LA NOCHE DEL ESTRENO

TEODORA......................	*Srta. Mendoza*
DON JULIÁN......................	*Sr. Donato*
DOÑA MERCEDES..................	*Sra. Calderón*
DON SEVERO......................	*Sr. Valentín*
PEPITO	*D. Ricardo Calvo*
ERNESTO	*D. Rafael Calvo*
UNO DE LOS TESTIGOS..............	*D. José Calvo*
DOS CRIADOS.........	*Sres. Paris y Fernando Calvo*

EPOCA MODERNA: AÑO 18...

La escena en Madrid

A TODO EL MUNDO

dedico este drama, porque a la buena voluntad *de todos,* no a méritos míos, debo el éxito alcanzado.

A todos, sí: al *público,* que con profundo instinto y alto sentido moral, comprendió desde el primer momento la idea de mi obra, y la tomó cariñosamente bajo su protección; a la *prensa,* que tan noble y generosa se ha mostrado conmigo y que me ha dado pruebas de simpatía que jamás olvidaré; a los *actores,* que, ya con inmenso talento y altísima inspiración, ya con exquisita delicadeza y profundo sentimiento, unas veces con honrada y magnífica energía, otras con acentos cómicos dignos de los grandes maestros del arte de la declamación, y siempre con la discreción y el tacto más perfectos cuando había peligros que evitar, han dado vida en la escena a los personajes de mi obra.

A todos debo y a todos doy en estas desaliñadas frases prueba humilde, pero sincera, de mi profunda gratitud.

JOSÉ ECHEGARAY

DIÁLOGO

La escena representa un gabinete de estudio. A la izquierda un balcón; a la derecha una puerta; casi en el centro una mesa con papeles, libros y un quinqué encendido; hacia la derecha un sofá. Es de noche.

ESCENA PRIMERA

ERNESTO, *sentado a la mesa y como preparándose a escribir.*

ERNESTO. ¡Nada!... ¡Imposible!... Esto es luchar con lo imposible. La idea está aquí: bajo mi ardorosa frente se agita; yo la siento; a veces luz interna la ilumina, y la veo... La veo con su forma flotante, con sus vagos contornos, y de repente suenan en sus ocultos senos voces que la animan, gritos de dolor, amorosos suspiros, carcajadas sardónicas... ¡todo un mundo de pasiones que viven y luchan!... ¡y fuera de mí se lanzan, y a mi alrededor se extienden, y los aires llenan! Entonces, entonces me digo a mí mismo: — «Este es el instante,»— y tomo la pluma, y con la mirada fija en el espacio, con el oído atento, conteniendo los latidos del corazón, sobre el papel me inclino.. Pero, ¡ah, sarcasmo de la impotencia!... ¡Los

contornos se borran, la visión se desvanece, gritos y
suspiros se extinguen... y la nada, la nada me rodea!...
¡La monotonía del espacio vacío, del pensamiento
inerte, del cansancio soñoliento! Más que todo eso: la
monotonía de una pluma inmóvil y de un papel sin
vida, sin la vida de la idea. ¡Ah!... ¡Cuántas formas
tiene la nada, y cómo se burla, negra y silenciosa, de
creadores de mi estofa! Muchas, muchas formas: lien-
zos sin colores, pedazos de mármol sin contornos,
ruidos confusos de caóticas vibraciones; pero ninguna
más irritante, más insolente, más ruin que esta pluma
miserable. *(Tirándola.)* Y que esta hoja en blanco.
¡Ah!... ¡No puedo llenarte, pero puedo destruirte,
cómplice vil de mis ambiciones y de mi eterna humillación! Así... así... más pequeños... aun más pequeños... *(Rompiendo el papel. Pausa.)* ¿Y qué?... La fortuna que nadie me ha visto; que por lo demás, estos
furores son ridículos y son injustos. No... pues no
cedo. Pensaré más, más... hasta vencer o hasta estre-
llarme. No, yo nunca me doy por vencido. A ver... a
ver si de este modo...

ESCENA II

ERNESTO y DON JULIÁN, *éste por la derecha, de
frac y con el abrigo al brazo.*

DON JULIÁN. *(Asomándose a la puerta, pero sin
entrar.)* Hola, Ernesto.
ERNESTO. ¡Don Julián!
DON JULIÁN. ¿Trabajando aún?... ¿Estorbo?...
ERNESTO. *(Levantándose.)* ¡Estorbar!... ¡Por Dios,
don Julián!... Entre usted, entre usted. ¿Y Teodora?
(Don Julián entra.)
DON JULIÁN. Del Teatro Real venimos. Subió ella

con mis hermanos al tercero a ver no sé qué compras de Mercedes, y yo me encaminaba hacia mi cuarto cuando vi luz en el tuyo, y me asomé a darte las buenas noches.

ERNESTO.   ¿Mucha gente?

DON JULIÁN.   Mucha, como siempre; y todos los amigos me preguntaron por ti. Extrañaban que no hubieses ido.

ERNESTO.   ¡Oh!... ¡qué interés!

DON JULIÁN.   El que tú mereces, y aún es poco. Y tú, ¿has aprovechado estas tres horas de soledad y de inspiración?

ERNESTO.   De soledad, sí; de inspiración, no. No vino a mí, aunque rendido y enamorado la llamaba.

DON JULIÁN.   ¿Faltó a la cita?

ERNESTO.   Y no por vez primera. Pero si nada hice de provecho, hice, en cambio, un provechoso descubrimiento.

DON JULIÁN.   ¿Cuál?

ERNESTO.   Éste: que soy un pobre diablo.

DON JULIÁN.   ¡Diablo! Pues me parece descubrimiento famoso.

ERNESTO.   Ni más, ni menos.

DON JULIÁN.   ¿Y por qué tal enojo contigo mismo? ¿No sale acaso el drama que me anunciaste el otro día?

ERNESTO.   ¡Qué ha de salir! Quien sale de quicio soy yo.

DON JULIÁN.   ¿Y en qué consiste ese desaire que juntos hacen la inspiración y el drama a mi buen Ernesto?

ERNESTO.   Consiste en que al imaginarlo, yo creí que la idea del drama era fecunda, y al darle forma, y al vestirla con el ropaje propio de la escena, resulta una cosa extraña, difícil, antidramática, imposible.

DON JULIÁN. Pero, ¿en qué consiste lo imposible del caso? Vamos, dime algo, que ya voy entrando en curiosidad. *(Sentándose en el sofá.)*

ERNESTO. Figúrese usted que el principal personaje, el que crea el drama, el que lo desarrolla, el que lo anima, el que provoca la catástrofe, el que la devora y la goza, no puede salir a escena.

DON JULIÁN. ¿Tan feo es? ¿Tan repugnante o tan malo?

ERNESTO. No es eso. Feo, como cualquiera: como usted o como yo. Malo, tampoco; ni malo ni bueno. Repugnante, no en verdad; no soy tan escéptico, ni tan misántropo, ni tan desengañado de la vida estoy, que tal cosa afirme o que tamaña injusticia cometa.

DON JULIÁN. Pues entonces, ¿cuál es la causa?

ERNESTO. Don Julián, la causa es, que el personaje de que se trata no cabría materialmente en el escenario.

DON JULIÁN. ¡Virgen santísima, y qué cosas dices! ¿Es drama mitológico por ventura y aparecen los titanes?

ERNESTO. Titanes son, pero a la moderna.

DON JULIÁN. ¿En suma?

ERNESTO. ¡En suma [1], ese personaje es... *todo el mundo,* que es una buena suma!

DON JULIÁN. *¿Todo el mundo?* Pues tienes razón: todo el mundo no cabe en el teatro; he ahí una verdad indiscutible y muchas veces demostrada.

ERNESTO. Pues ya ve usted, como yo estaba en lo cierto.

DON JULIÁN. No completamente. *Todo el mundo* puede condensarse en unos cuantos tipos o caracteres.

---

[1] Juego de palabras con *suma.* Estos juegos son frecuentes en el drama de Ernesto.

Yo no entiendo de estas[2] materias, pero tengo oído que esto han hecho los maestros más de una vez.

ERNESTO. Sí, pero en mi caso, es decir, en mi drama, no puede hacerse[3].

DON JULIÁN. ¿Por qué?

ERNESTO. Por muchas razones que fuera largo el explicar, y sobre todo a estas horas.

DON JULIÁN. No importa, vengan algunas de ellas.

ERNESTO. Mire usted, cada individuo de esa masa total, cada cabeza de ese monstruo de cien mil cabezas, de ese titán del siglo que yo llamo *todo el mundo,* toma parte en mi drama un instante brevísimo; pronuncia una palabra no más, dirige una sola mirada, quizá toda su acción en la fábula es una sonrisa; aparece un punto y luego se aleja; obra sin pasión, sin saña, sin maldad, indiferente y distraído; por distracción muchas veces.

DON JULIÁN. ¿Y qué?

ERNESTO. Que de esas palabras sueltas, de esas miradas fugaces, de esas sonrisas indiferentes, de todas esas pequeñas murmuraciones y de todas esas pequeñísimas maldades; de todos esos, que pudiéramos llamar rayos insignificantes de luz dramática, condensados en un foco y en una familia, resulta el incendio y la explosión, la lucha y las víctimas. Si yo represento la totalidad de las gentes por unos cuantos tipos o personajes simbólicos, tengo que poner en cada uno lo que realmente está disperso en muchos, y resulta falseado el pensamiento; unos cuantos tipos en escena, repulsivos por malvados, inverosímiles porque su maldad no tiene objeto; y resulta además el peligro de que se crea que yo trato de pintar una sociedad infame, corrompi-

---

[2] De acuerdo con Rodríguez; Tello: *esas.*
[3] En este parlamento Ernesto por poco confiesa que «el caso» es suyo.

da y cruel, cuando yo sólo pretendo demostrar que ni aun las acciones más insignificantes son insignificantes ni perdidas para el bien o para el mal, porque sumadas por misteriosas influencias de la vida moderna, pueden llegar a producir inmensos efectos.

Don Julián. Mira, no sigas, no sigas; todo eso es muy metafísico[4]. Algo vislumbro, pero a través de muchas nubes. En fin, tú entiendes de esas cosas más que yo; si se tratase de giros, cambios, letras y descuentos, otra cosa sería.

Ernesto. ¡Oh, no; usted tiene buen sentido, que es lo principal!

Don Julián. Gracias, Ernesto, eres muy amable.

Ernesto. ¿Pero está usted convencido?

Don Julián. No lo estoy. Debe haber manera de salvar ese inconveniente.

Ernesto. ¡Si fuera ése[5] sólo!

Don Julián. ¿Hay más?

Ernesto. Ya lo creo. Dígame usted, ¿cuál es el resorte dramático por excelencia?

Don Julián. Hombre, yo no sé a punto fijo qué es eso que tú llamas *resorte dramático;* pero yo lo que te digo es que no me divierto en los dramas en que no hay amores, sobre todo amores desgraciados, que para amores felices tengo bastante con el de mi casa y con mi Teodora.

Ernesto. Bueno, magnífico; pues en mi drama casi, casi, no puede haber amores.

Don Julián. Malo, pésimo, digo yo. Oye, no sé lo que es tu drama, pero sospecho que no va a interesar a nadie.

---

[4] «Metafísico» para el pragmático don Julián es el pensamiento abstracto de Ernesto.

[5] De acuerdo con Rodríguez; Tello: *eso.*

ERNESTO. Ya se lo dije yo a usted. Sin embargo, amores pueden ponerse, y hasta celos.

DON JULIÁN. Pues con eso, con una intriga interesante y bien desarrollada, con alguna situación de efecto...

ERNESTO. No, señor; eso sí que no; todo ha de ser sencillo, çorriente, casi vulgar... como que el drama no puede brotar a lo exterior. El drama va por dentro de los personajes; avanza lentamente; se apodera hoy de un pensamiento, mañana de un latido del corazón; mina la voluntad poco a poco.

DON JULIÁN. Pero todo eso, ¿en qué se conoce? Esos estragos interiores, ¿qué manifestación tienen? ¿Quién se los cuenta al espectador? ¿Dónde los ve? ¡Hemos de estar toda la noche a caza de una mirada, de un suspiro, de un gesto, de una frase suelta! Pero, hijo, ¡eso no es divertirse! Para meterse en tales profundidades se estudia filosofía.

ERNESTO. Nada, repite usted como un eco todo lo que yo estoy pensando.

DON JULIÁN. No, yo tampoco quiero desanimarte. Tú sabrás lo que haces. Y... ¡vaya!... aunque el drama sea un poco pálido, parezca pesado y no interese... con tal que luego venga la catástrofe con bríos... y que la explosión... ¿eh?

ERNESTO. ¡Catástrofe... explosión!... casi, casi, cuando cae el telón.

DON JULIÁN. ¿Es decir, que el drama empieza cuando el drama acaba?

ERNESTO. Estoy por decir que sí, aunque yo[6] ya procuraré ponerle un poquito de calor.

DON JULIÁN. Mira, lo que has de hacer es escribir *ese segundo drama,* ése que empieza cuando acaba el

---

[6] De acuerdo con Rodríguez; Tello omite el sujeto pronominal.

primero, porque el primero, según tus noticias, no vale la pena y ha de darte muchas[7].

ERNESTO. De eso estaba yo convencido.

DON JULIÁN. Y ahora lo estamos los dos; tal maña te has dado, y tal es la fuerza de tu lógica. ¿Y qué título tiene?

ERNESTO. ¡Título!... Pues ésa es otra... Que no puede tener título.

DON JULIÁN. ¿Qué?... ¿Qué dices?... ¡Tampoco!...

ERNESTO. No, señor; a no ser que lo pusiéramos en griego para mayor claridad, como dice don Hermógenes[8].

DON JULIÁN. Vamos, Ernesto; tú estabas durmiendo cuando llegué; soñabas desatinos y me cuentas tus sueños.

ERNESTO. ¿Soñando?... Sí. ¿Desatinos?... Tal vez. Y sueños y desatinos cuento. Usted tiene buen sentido y en todo acierta.

DON JULIÁN. Es que para acertar en este caso no se necesita gran penetración. Un drama en que el principal personaje no sale; en que casi no hay amores; en que no sucede nada que no suceda todos los días; que empieza al caer el telón en el último acto y que no tiene título, yo no sé cómo puede escribirse, ni cómo puede representarse, ni cómo ha de haber quien lo oiga, ni cómo es drama.

ERNESTO. ¡Ah!... Pues drama es. Todo consiste en darle forma, y en que yo no sé dársela.

DON JULIÁN. ¿Quieres seguir mi consejo?

ERNESTO. ¿Su consejo de usted?... ¿De usted, mi

---

[7] Es decir, muchas *penas*.

[8] Alusión al pedantesco personaje de *La comedia nueva* (1792) de Leandro F. de Moratín: «Pero lo diré en griego para mayor claridad», acto I, escena IV.

amigo, mi protector, mi segundo padre? ¡Ah!... ¡Don Julián!

Don Julián. Vamos, vamos, Ernesto, no hagamos aquí un drama sentimental a falta del tuyo que hemos declarado imposible. Te preguntaba si quieres seguir mi consejo.

Ernesto. Y yo decía que sí.

Don Julián. Pues déjate de dramas; acuéstate, descansa, vente a cazar conmigo mañana, mata unas cuantas perdices, con lo cual te excusas de matar un par de personajes de tu obra, y quizá de que el público haga contigo otro tanto, y a fin de cuentas tú me darás las gracias.

Ernesto. Eso sí que no. El drama lo escribiré.

Don Julián. Pero, desdichado, tú lo concebiste en pecado mortal.

Ernesto. No sé cómo, pero lo concebí. Lo siento en mi cerebro; en él se agita; pide vida en el mundo exterior, y he de dársela.

Don Julián. Pero ¿no puedes buscar otro argumento?

Ernesto. Pero ¿y esta idea?

Don Julián. Mándala al diablo.

Ernesto. ¡Ah, don Julián! ¿Usted cree que una idea que se ha aferrado aquí dentro se deja anular y destruir porque así nos plazca? Yo quisiera pensar en otro drama; pero éste, este maldito de la cuestión, no le dejará sitio hasta que no brote al mundo.

Don Julián. Pues nada... que Dios te dé feliz alumbramiento.

Ernesto. Ahí está el problema, como dice Hamlet [9].

---

[9] «That is the question», *Hamlet,* acto III, escena I. Echegaray frecuentemente alude a la obra de Shakespeare.

DON JULIÁN. ¿Y no podrías echarlo a la inclusa literaria de las obras anónimas. *(En voz baja y con misterio cómico.)*

ERNESTO. ¡Ah, don Julián! Yo soy hombre de conciencia. Mis hijos, buenos o malos, son legítimos; llevarán mi nombre.

DON JULIÁN. *(Preparándose a salir.)* No digo más. Lo que ha de ser está escrito.

ERNESTO. Eso quisiera yo. No está escrito por desgracia; pero no importa, si yo no lo escribo, otro lo escribirá.

DON JULIÁN. Pues a la obra; y buena suerte, y que nadie te tome la delantera.

ESCENA III

ERNESTO, DON JULIÁN, TEODORA

TEODORA. *(Desde fuera.)* ¡Julián!... ¡Julián!...

DON JULIÁN. Es Teodora.

TEODORA. ¿Estás aquí, Julián?

DON JULIÁN. *(Asomándose por la puerta.)* Sí, aquí estoy; entra.

TEODORA. *(Entrando.)* Buenas noches, Ernesto.

ERNESTO. Buenas noches, Teodora. ¿Cantaron bien?

TEODORA. Como siempre. ¿Y usted ha trabajado mucho?

ERNESTO. Como siempre: nada.

TEODORA. Pues para eso, mejor le [10] hubiera sido acompañarnos. Todas mis amigas me han preguntado por usted.

---

[10] De acuerdo con Rodríguez; Tello omite el dativo.

ERNESTO. Está visto que *todo el mundo* se interesa por mí.

DON JULIÁN. ¡Ya lo creo!... Como que de *todo el mundo* vas a hacer el principal personaje de tu drama. Figúrate si les interesará tenerte por amigo.

TEODORA. *(Con curiosidad.)* ¿Un drama?

DON JULIÁN. ¡Silencio!... Es un misterio... No preguntes nada. Ni título, ni personajes, ni acción, ni catástrofe... ¡lo sublime! Buenas noches, Ernesto. Vamos, Teodora.

ERNESTO. Adiós don Julián.

TEODORA. Hasta mañana.

ERNESTO. Buenas noches.

TEODORA. *(A D. Julián.)* Qué preocupada está Mercedes.

DON JULIÁN. Y Severo hecho una furia.

TEODORA. ¿Por qué sería?

DON JULIÁN. ¿Qué sé yo? En cambio, Pepito, alegre por ambos.

TEODORA. Ése siempre. Y hablando mal de todos.

DON JULIÁN. Personaje para el drama de Ernesto.
(Salen Teodora y D. Julián por la derecha.)

ESCENA IV

ERNESTO. Diga lo que quiera don Julián, yo no abandono mi empresa. Fuera insigne cobardía. No, no retrocedo... adelante. *(Se levanta y se pasea agitadamente. Después se acerca al balcón.)* Noche, protégeme, que en tu negrura, mejor que en el manto azul del día, se dibujan los contornos luminosos de la inspiración. Alzad vuestros techos, casas mil de la heroica villa [11], que, por un poeta en necesidad suma, no habéis de

---

[11] Frase alusiva a la Villa y Corte, repetida siempre con intención despectiva.

hacer menos que por aquel diablillo cojuelo que traviesamente os descaperuzó[12]. Vea yo entrar en vuestras salas y gabinetes damas y caballeros buscando, tras las agitadas horas de públicos placeres, el nocturno descanso. Lleguen a mis aguzados oídos las mil palabras sueltas de todos ésos que a Julián y a Teodora preguntaban por mí. Y como de rayos dispersos de luz, por diáfano cristal recogidos, se hacen grandes focos; y como de líneas cruzadas de sombra se forjan las tinieblas, y de granos de tierra los montes, y de gotas de agua[13] los mares, así yo, de vuestras frases perdidas, de vuestras vagas sonrisas, de vuestras miradas curiosas, de esas mil trivialidades que en cafés, teatros, reuniones y espectáculos dejáis dispersas, y que ahora flotan en el aire, forje también mi drama, y sea el modesto cristal de mi inteligencia, lente que traiga al foco luces y sombras, para que en él brote el incendio dramático y la trágica explosión de la catástrofe. Brote mi drama, que hasta título tiene, porque allá, bajo la luz del quinqué, veo la obra inmortal del inmortal poeta florentino, y diome en italiano lo que en buen español fuera buena imprudencia y mala osadía escribir en un libro o pronunciar en la escena. Francesca y Paolo, válganme vuestros amores[14].

(Sentándose a la mesa y preparándose a escribir.)

¡Al drama!... ¡El drama empieza! Primera hoja: ya no está en blanco... ya tiene título. *(Escribiendo.)* EL GRAN GALEOTO. *(Escribe febrilmente.)*

FIN DEL DIÁLOGO

---

[12] Alusión a *El diablo cojuelo* (1641) de Luis Vélez de Guevara, obra en que el estudiante don Cleofás liberta a un diablillo cojo de una redoma y juntos vuelan por los aires observando la conducta de los madrileños.

[13] Tello omite «de agua»; presente en otras ediciones.

[14] Alusión a *La Divina Comedia* de Dante Alighieri, el papel clave del que discuten en el drama Ernesto y Pepito, acto II, escena V.

ACTO PRIMERO

La escena representa un salón en casa de D. Julián. En el fondo una gran puerta; más allá[15] *un pasillo transversal; después la puerta del comedor, que permanece cerrada hasta el final del acto. A la izquierda del espectador, en primer término, un balcón; en segundo término, una puerta. A la derecha, en primero y segundo término, respectivamente, dos puertas. En primer término, a la derecha, un sofá; a la izquierda una pequeña mesa y una butaca. Todo lujoso y espléndido. Es de día, a la caída de la tarde.*

ESCENA PRIMERA

TEODORA, DON JULIÁN. *Teodora asomada al balcón; don Julián sentado en el sofá y pensativo.*

TEODORA

¡Hermosa puesta de sol!
¡Qué nubes, qué luz, qué cielo!
Si en los espacios azules

---

[15] Rodríguez: *tras ella* en lugar de *más allá*.

está el porvenir impreso [16],
como dicen los poetas   5
y nuestros padres creyeron;
si en la esfera de zafir
escriben astros de fuego,
de los humanos destinos
el misterioso secreto,   10
y es esta espléndida tarde,
página y cifra del nuestro,
¡qué venturas nos aguardan,
qué porvenir tan risueño,
cuánta vida en nuestra vida,   15
cuánta luz en nuestro cielo!
¿No es verdad? *(Dirigiéndose a Julián.)*
            Pero, ¿qué piensas?
Ven Julián; mira aquel lejos.
¿No me contestas?

Don Julián

(Distraído.) ¿Qué quieres?

Teodora

¿No me escuchaste? *(Acercándose a él.)*

Don Julián

            El deseo   20
siempre está donde estás tú,
que eres su imán y su centro;
pero a veces importunos
acosan al pensamiento

---

[16] Alusión al tema de la astrología, que recuerda *La vida es sueño* de
Pedro Calderón de la Barca, tan imitada y leída en el siglo XIX.

preocupaciones, cuidados,
negocios...

TEODORA

De que reniego,
pues de mi esposo me roban
la atención, si no el afecto.
Pero ¿qué tienes, Julián? *(Con sumo cariño)*
Algo te preocupa, y serio   30
debe ser, pues hace rato
que estás triste y en silencio.
¿Tienes penas, Julián mío?
Pues las reclama mi pecho,
que si mis dichas son tuyas,   35
tus tristezas yo las quiero.

DON JULIÁN

¿Penas? ¡Siendo tú dichosa!
¿Tristezas? ¡Cuando poseo
de todas las alegrías
en mi Teodora el compendio!   40
En mostrando tu semblante,
de la salud de tu cuerpo
como fruto, esas dos rosas;
y tus ojos ese fuego,
que es el resplandor del alma,   45
que se entiende por dos cielos [17],
en sabiendo, como sé,
que yo sólo soy tu dueño,
¿qué tristezas, ni qué penas,
ni qué sombras, ni qué duelos,   50
pueden impedirme ser,

---

[17] *Cielos:* los ojos de Teodora.

del corazón hasta el centro,
el hombre más venturoso
que existe en el universo?

TEODORA

¿Y tampoco son disgustos   55
de negocios?

DON JULIÁN

El dinero
no me hizo perder jamás
ni el apetito, ni el sueño;
y como siempre le tuve,
no aversión, mas sí desprecio,   60
él se vino hacia mis arcas
sumiso como un cordero.
Y fui rico, y rico soy,
y hasta que muera de viejo,
don Julián de Garagarza,   65
en Madrid, Cádiz y el Puerto[18],
gracias a Dios y a su suerte,
será, Teodora, el banquero,
si no de mayor fortuna,
más seguro, y de más crédito.   70

TEODORA

Pues bien, entonces ¿por qué
estabas hace un momento
tan preocupado?

---

[18] Puerto de Santa María, entonces importante centro comercial, en la provincia de Cádiz.

Don Julián

¡Pensaba!
y pensaba en algo bueno.

Teodora

No es maravilla, Julián,   75
siendo tuyo el pensamiento. *(Con mimo.)*

Don Julián

¡Lisonjera! ¡No me adules!

Teodora

Pero sepa yo qué es ello.

Don Julián

Quería encontrar remate
para cierta obra de mérito   80

Teodora

¿Para la fábrica nueva?

Don Julián

No es obra de piedra y fierro.

Teodora

¿Pero es?...

Don Julián

De misericordia
obra, y de lejanos tiempos
deuda sagrada.

TEODORA

(Con alegría natural y espontánea.)
Ya sé.

DON JULIÁN

¿Sí?

TEODORA

Pensabas en Ernesto.

DON JULIÁN

Acertaste.

TEODORA

¡Pobre chico!
Bien hacías. ¡Es tan bueno,
tan noble, tan generoso!

DON JULIÁN

Todo a su padre: ¡modelo
de lealtad y de hidalguía! [19] 90

TEODORA

¡Vaya! ¡Y de mucho talento!
Veintiséis años... ¡y sabe!
¿Qué sé yo?... ¡si es un portento!

DON JULIÁN

¿Si sabe? ¡Pues ahí es nada! 95

---

[19] Es decir, que Ernesto ha salido a su padre, don Juan de Acedo.

Y ése es el mal; porque temo
que allá perdido en sublimes
esferas su pensamiento,
no sepa andar por el mundo,
que es prosaico y traicionero,   100
y no se paga jamás
de sutilezas de ingenio
hasta tres siglos después
de habérselas dicho el muerto.

TEODORA

En teniéndote por guía...   105
porque, tú, Julián... ¿no es cierto?
no piensas abandonarle.

DON JULIÁN

¡Abandonarle! Muy negro
era menester que fuese
el corazón que en el pecho   110
me late, para que yo
olvidase lo que debo
a su padre. Por el mío
arriesgó don Juan de Acedo
nombre y caudal, y la vida   115
acaso. Si ese mancebo
necesita de mi sangre,
que la pida; que la tengo
siempre dispuesta a pagar
deudas del nombre que llevo.   120

TEODORA

¡Bien, Julián! ¡Ése eres tú!

Tú lo viste: me dijeron
hace un año, o poco más,
que el buen don Juan era muerto,
y que su hijo en la miseria   125
quedaba, y faltóme tiempo
para meterme en el tren,
ir a Gerona, cogerlo
casi a la fuerza, hasta aquí
volver con él, y en el centro   130
de esta sala colocarle
y decirle: «Eres el dueño
de lo mío, que ya es tuyo,
porque a tu padre lo debo.
Si quieres, amo serás   135
de esta casa, o cuando menos
por segundo padre tenme,
que si no alcanzo al primero,
por lo mucho que valía,
tras él voy con el deseo;   140
y en cuanto a quererte... ¡vaya!
quién es más, allá veremos.»

TEODORA

Es verdad; eso dijiste;
y el pobre... como es tan bueno,
rompió a llorar como un niño   145
y colgósete del cuello.

DON JULIÁN

Es un niño, dices bien;
y pensar en él debemos
y en su porvenir. Y ahí tienes

por qué preocupado y serio
me viste ha poco, buscando
forma y modo a lo que pienso
hacer por él, mientras tú
me brindabas con un bello
panorama, y un celaje,   155
y un rojo sol, que desdeño,
desde que brillan dos soles [20]
más puros en nuestro cielo.

TEODORA

Pues no adivino tu idea.
¿Lo que piensas por Ernesto   160
hacer?

DON JULIÁN

   Tal dije.

TEODORA

     ¿Pues cabe
hacer más de lo que has hecho?
Hace un año vive aquí
con nosotros, como nuestro.
Ni aun cuando hijo tuyo fueses,   165
ni mi propio hermano siendo,
le mostraras más cariño
ni en mí hallara más afecto.

DON JULIÁN

Está bien; pero no basta.

---

[20] Estos *dos soles* son los ojos de Teodora; continúa la metáfora, versos
44-46.

¿Qué no basta? Pues yo creo...   170

DON JULIÁN

Tú piensas en lo presente
y yo en lo futuro pienso.

TEODORA

¿Lo futuro? ¿El porvenir?
Pues fácilmente lo arreglo.
Mira: vive en esta casa   175
cuanto quiera, años enteros,
como suya, pues es claro;
hasta que allá, con el tiempo,
por ley justa y natural,
se enamore y le casemos.   180
Entonces, de tu fortuna
le entregas con noble empeño
una buena parte; vanse
a su casa, desde el templo,
ella y él; que el refrán dice,   185
y yo a su razón me atengo,
que el casado casa quiere,
y no porque vivan lejos
hemos de olvidarle nunca
ni hemos de quererle menos.   190
Y ya lo ves: son felices;
nosotros más, por supuesto.
Tienen hijos: ¿quién lo duda?
¡Nosotros más!... ¡Por lo menos *(Con mimo.)*
una niña!... Se enamoran   195
ella y el hijo de Ernesto,
y se casan...

(La volubilidad, el gracejo, los matices de este parlamento, quedan encomendados al talento de la actriz.)

DON JULIÁN

Pero ¡adónde
vas a parar, justo cielo! *(Riendo.)*

TEODORA

Hablabas de porvenir
y este porvenir te ofrezco;   200
y si no es éste, Julián,
ni me gusta, ni lo acepto.

DON JULIÁN

Es como tuyo, Teodora.
Pero...

TEODORA

¡Ay, Dios! ya tiene un pero.

DON JULIÁN

Mira, Teodora, nosotros   205
pagamos lo que debemos,
al amparar a ese joven
desdichado como a deudo,
y a la obligación se agregan
exigencias del afecto,   210
que vale tanto por sí,
como por hijo de Acedo.
Pero en toda acción humana
siempre hay algo de complejo,

siempre hay dos puntos de vista,   215
y siempre tiene un reverso
la medalla. Con lo cual
decirte, Teodora, quiero,
que en este caso, son casos
más que contrarios, diversos,   220
el de dar y recibir
protección, y que me temo
que al fin le sepan mis dones
a humillación por lo menos.
Él es noble, y es altivo,   225
y casi, casi, soberbio,
y a su situación, Teodora,
es forzoso hallarle término.
Hagamos por él aún más,
y finjamos hacer menos.   230

TEODORA

¿De qué modo?

DON JULIÁN

Vas a ver...
Pero él viene. *(Mirando hacia el fondo.)*

TEODORA

Pues silencio.

ESCENA II

TEODORA, DON JULIÁN, ERNESTO *por el fondo.*

DON JULIÁN

Bien venido.

ERNESTO

Don Julián...
Teodora...

(Saluda como distraído y se sienta junto a la mesa, quedando pensativo.)

DON JULIÁN

¿Qué tienes? *(Acercándose a él.)*

ERNESTO

Nada.

DON JULIÁN

Algo noto en tu mirada,   235
y algo revela tu afán.
¿Tienes penas?

ERNESTO

¡Desvarío!

DON JULIÁN

¿Tienes disgustos?

ERNESTO

Ninguno.

DON JULIÁN

¿Acaso soy importuno?

¡Usté [21] importuno! ¡Dios mío!   240
(Levántandose y acercándose a él con efusión.)
No, su cariño le inspira,
su amistad es su derecho;
y lee dentro de mi pecho
cuando a los ojos me mira.
Algo tengo, sí, señor;   245
pero todo lo diré.
Don Julián, perdone usté:
y usté también, ¡por favor! *(A Teodora.)*
Yo soy un loco, y un niño,
y un ingrato; en puridad,   250
ni merezco su bondad,
ni merezco su cariño.
Yo debería ser dichoso
con tal padre y tal hermana,
y no pensar en mañana,   255
y, sin embargo, es forzoso
que piense. La explicación
me sonroja... ¿No me entienden?...
Sí, sí, que ustedes comprenden
que es falsa mi situación.   260
De limosna vivo aquí. *(Con energía.)*

TEODORA

Esa palabra...

ERNESTO

Teodora...

---

21 A veces se emplea *usté* para mantener la regularidad métrica; pero no siempre, véanse versos 247-48.

TEODORA

Nos ofende.

ERNESTO

      Sí, señora,
dije mal; pero es así.

DON JULIÁN

Y yo te digo que no.   265
Si de limosna, y no escasa,
alguien vive en esta casa,
ése no eres tú; soy yo.

ERNESTO

Conozco, señor, la historia
de dos amigos leales,   270
de no sé qué caudales
de que ya no hago memoria.
A mi padre le hace honor
rasgo de tal hidalguía;
pero yo lo mancharía   275
si cobrase su valor.
Yo soy joven, don Julián,
y aunque es poco lo que valgo,
bien puedo ocuparme en algo
para ganarme mi pan.   280
¿Será esto orgullo o manía?
No lo sé y el tino pierdo;
pero yo siempre recuerdo
que mi padre me decía:
«Lo que tú puedas hacer,   285
»a nadie lo has de encargar;

93

»lo que tu puedas ganar,
»a nadie lo has de deber.»

DON JULIÁN

De modo que mis favores
te humillan y te envilecen;   290
tus amigos te parecen
importunos acreedores.

TEODORA

Usted discurre en razón;
usted sabe mucho, Ernesto;
pero mire usted, en esto   295
sabe más el corazón.

DON JULIÁN

Esa altivez desdeñosa
no mostró mi padre al tuyo.

TEODORA

La amistad, según arguyo,
era entonces otra cosa.   300

ERNESTO

¡Teodora!

TEODORA

          Es noble su afán.
(Señalando a su esposo.) [22]

---

[22] En Rodríguez falta esta acotación.

ERNESTO

Es cierto, soy un ingrato,
ya lo sé, y un insensato...
perdone usted, don Julián.
(*Profundamente conmovido.*)

DON JULIÁN

¡Su cabeza es una fragua!   305
(*A Teodora refiriéndose a Ernesto.*)

TEODORA

¡Si no vive en este mundo!
(*A D. Julián, lo mismo.*)

DON JULIÁN

Eso sí, sabio y profundo,
y se ahoga en un charco de agua.

ERNESTO

¡Que de esta vida no sé (*Tristemente.*)
ni hallo en ella mi camino!   310
Es verdad; más lo adivino
y tiemblo no sé por qué.
¡Que en las charcas de este mundo
como en alta mar me anego!
Me espantan [23] más, no lo niego,   315
mucho más que el mar profundo.
Hasta el límite que marca
suelta arena el mar se tiende;
por todo el espacio extiende
emanaciones la charca.   320

---

[23] El sujeto de este verbo: *las charcas,* verso 313.

95

Contra las olas del mar
luchan brazos varoniles;
contra miasmas sutiles
no hay manera de luchar.
Y yo, si he de ser vencido,   325
que no humilla el vencimiento,
en el último momento
sólo quiero, y sólo pido,
ver ante mí, y esto baste,
al mar que tragarme quiera,   330
a la espada que me hiera
o a la roca que me aplaste.
A mi adversario sentir,
su cuerpo y su furia ver,
y despreciarle al caer,   335
y despreciarle al morir.
Y no aspirar mansamente
mi pecho, que se dilata,
el veneno que me mata
esparcido en el ambiente.   340

Don Julián

¿No te dije? ¡Perdió el seso! *(A Teodora.)*

Teodora

Pero, Ernesto, ¿adónde vamos?

Don Julián

Con el caso que tratamos
¿qué tiene que ver todo eso?

Ernesto

Que al verme, señor, aquí,   345
amparado y recogido,

lo que he pensado, he creído
que piensan todos de mí:
que al cruzar la Castellana [24]
en el coche con ustedes,   350
con Teodora o con Mercedes
al salir una mañana,
al ir a su palco al Real,
al cazar en su dehesa,
al ocupar en su mesa   355
de diario el mismo sitial;
aunque a su optimismo pese,
el caso es, señor, que todos,
con estos o aquellos modos,
se preguntan: ¿quién es ése?   360
—¿Será su deudo? —No tal.
—¿Su secretario? —Tampoco.
—¿Su socio? —Si es socio, poco
trajo a la masa social [25].
Eso murmuran.

Don Julián

       Ninguno.   365
Eso sueñas.

Ernesto

Por favor...

Don Julián

Pues venga un nombre.

---

[24] Las clases altas acostumbraban a pasear en coche o a caballo por el
Paseo de la Castellana.
[25] Es decir, que habría invertido poco de su propio capital.

ERNESTO

Señor...

DON JULIÁN

Me basta sólo con uno.

ERNESTO

Pues lo tienen a la mano:
está en el piso tercero.   370

DON JULIÁN

¿Y se llama?

ERNESTO

Don Severo.

DON JULIÁN

¿Mi hermano?

ERNESTO

Justo, su hermano.
¿No basta? Doña Mercedes,
su noble esposa y señora.
¿Más? Pepito. Con que ahora   375
a ver qué dicen ustedes.

DON JULIÁN

(Con enojo.) Pues digo y juro, y no peco,
que él, más que severo [26], es raro;

---

[26] Juego de palabras con el nombre de su hermano don Severo.

que *ella* charla sin reparo,
y que el chico es un muñeco.   380

Repiten lo que oyen.

DON JULIÁN

                    Nada;
ésas son cavilaciones.
Donde hay nobles intenciones,
y a la gente que es honrada,
le importa poco del mundo;   385
cuanto el murmurar más recio,
más soberano el desprecio,
y más grande y más profundo.

ERNESTO

Eso es noble y eso siente
todo pecho bien nacido;   390
pero yo tengo aprendido
que lo que dice la gente,
con maldad o sin maldad,
según aquel que lo inspira,
comienza siendo mentira   395
y acaba siendo verdad.
¿La murmuración que cunde
nos muestra oculto pecado,
y es reflejo del pasado,
o inventa el mal y lo infunde?   400
¿Marca con sello maldito
la culpa que ya existía,
o engendra la que no había
y da ocasión al delito?
El labio murmurador   405

¿es infame, o es severo?
¿es cómplice, o pregonero?
¿es verdugo, o tentador?
¿remata, o hace caer?
¿hiere por gusto, o por pena?   410
Y si condena, ¿condena
por justicia o por placer?
Yo no lo sé, don Julián;
quizá las dos cosas son;
pero el tiempo y la ocasión   415
y los hechos lo dirán.

DON JULIÁN

Mira, no entiendo ni jota
en esas filosofías.
Presumo que son manías
con que tu ingenio se agota;   420
pero en fin tampoco quiero
afligirte ni apurarte.
¿Quieres, Ernesto, crearte,
independiente y severo,
una posición honrada   425
por ti solo? ¿No es así?

ERNESTO

Don Julián...

DON JULIÁN

Responde.

ERNESTO

(Con alegría.) [27] Sí.

---

[27] Rodríguez; Con *energía*.

DON JULIÁN

Pues la tienes alcanzada.
Me encuentro sin secretario;
de Londres me brindan [28] uno;   430
pero no quiero ninguno,
más que un ser estrafalario,
(Con tono de cariñosa reconvención.)
que su pobreza prefiere
su trabajo y sueldo fijo,
como cualquiera, a ser hijo   435
de quien por hijo le quiere.

ERNESTO

Don Julián...

DON JULIÁN

                    Pero exigente
(Con tono de cómica severidad.)
y hombre de negocios soy,
y mi dinero no doy
nunca de balde a la gente.   440
Y he de explotarte a mi gusto,
y he de hacerte trabajar,
y en mi casa has de ganar
únicamente lo justo.
Diez horas para el tintero,   445
despierto al amanecer,
y contigo voy a ser
más severo que Severo.
Esto serás ante el mundo:
víctima de mi egoísmo...   450

---

[28] De acuerdo con Rodríguez; Tello: *brinda*.

pero Ernesto... ¡siempre el mismo
de mi pecho en lo profundo!
(Sin poder contenerse, cambiando de tono y abriéndole los
brazos.)

ERNESTO

¡Don Julián!... *(Abrazándole.)*

DON JULIÁN

¿Aceptas?

ERNESTO

Sí.
Haga de mí lo que quiera.

TEODORA

Al fin domaste la fiera. *(A D. Julián.)*

ERNESTO

¡Todo por usted! *(A D. Julián.)*

DON JULIÁN

Así,   455
así te quiero. Ahora escribo
a mi buen corresponsal:
le doy como es natural
las gracias, y que concibo
el mérito extraordinario   460
del inglés de que hace alarde;
pero que ha llegado tarde,
porque tengo secretario.
(Dirigiéndose a la puerta de la derecha.)

Eso ahora... pero andar
deja al tiempo... ¡Socio luego!   465
(Volviendo y fingiendo que habla con misterio.)

TEODORA

¡Calla por Dios!... te lo ruego,
¡no ves que se va a espantar! *(A D. Julián.)*

(Sale DON JULIÁN *por la derecha, primer término,
riendo bondadosamente y mirando a* ERNESTO.*)*

ESCENA III

TEODORA, ERNESTO. *Al fin de la escena anterior
comenzó a anochecer, de suerte que al llegar a este
momento el salón está ya completamente oscuro.*

ERNESTO

¡Ah, que su bondad me abruma!
¿Cómo pagarle, Dios mío?

*(Se deja caer en el sofá profundamente conmovido.
TEODORA se acerca a él y queda a su lado en pie.)*

TEODORA

Dando de mano al desvío   470
y a la desconfianza. En suma,
teniendo juicio y pensando
que de veras le queremos,
que lo que fuimos seremos,
y en fin, Ernesto, que cuando   475
Julián promete, no es vana

su promesa y la mantiene,
de manera que usted tiene,
en *él,* padre, y en *mí,* hermana.

ESCENA IV

TEODORA, ERNESTO, DOÑA MERCEDES, DON SE-
VERO. *Los dos últimos se presentan por el fondo y en él
se detienen. El salón a oscuras; sólo una pequeña
claridad en el balcón, hacia el cual se dirigen Teodora y
Ernesto.*

ERNESTO

¡Ah, qué buenos son ustedes!   480

TEODORA

¡Y usted qué niño! De hoy más
no ha de estar triste.

ERNESTO

Jamás.

MERCEDES

¡Qué oscuro! *(Desde fuera en voz baja.)*

DON SEVERO

(Lo mismo.) Vamos, Mercedes.

MERCEDES

No hay nadie. *(Pasando la puerta.)*

DON SEVERO

(Deteniéndola.) Gente hay allí.

(Se quedan los dos en el fondo observando.)

ERNESTO

Teodora, mi vida entera,	485
y otras mil, gustoso diera	
por el bien que recibí.	
No me debe usted juzgar	
por mi carácter adusto:	
de hacer alarde no gusto	490
de amor; pero yo sé amar,	
y también aborrecer,	
que en propios iguales modos	
en mi pecho encuentran todos	
lo que en él quieren poner.	495

MERCEDES

¿Qué dicen? *(A Severo.)*

DON SEVERO

Cosas extrañas
que no oigo bien.

*(*TEODORA y ERNESTO *siguen hablando en voz
baja en el balcón.)*

MERCEDES

Si es Ernesto.

DON SEVERO

Y ella... es ella... por supuesto.

MERCEDES

Teodora.

DON SEVERO

    Las mismas mañas:
siempre juntos. ¡No hay paciencia!   500
Y esas palabras... ¿Qué espero?

MERCEDES

Es verdad; vamos, Severo,
es ya caso de conciencia,
Todos dicen...

DON SEVERO

    (Avanzando.) A Julián
he de hablar hoy mismo y claro.   505

MERCEDES

Pero también es descaro
el de ese hombre.

DON SEVERO

    ¡Voto a san!
El de él, y el de ella.

MERCEDES

    ¡Infeliz!
¡Es tan niña! De ella yo
me encargo.

TEODORA

¿A otra casa? No.   510
¿Dejarnos? ¡Pues es feliz
la idea! No lo consiente
Julián.

DON SEVERO

(A Mercedes.) Ni yo, ¡vive Cristo!
(En voz alta.)
¡Eh, Teodora! ¿No me has visto?
¿Se recibe así a la gente?   515

TEODORA

(Separándose del balcón.)
¡Don Severo!... ¡Qué placer!

MERCEDES

¿No se come? Qué ¿no es hora?

TEODORA

¡Ah, Mercedes!

MERCEDES

Sí, Teodora.

DON SEVERO

(Aparte.) ¡Cómo finge! ¡Qué mujer!

TEODORA

Pediré luces.

(Tocando un timbre que está sobre la mesa.)

DON SEVERO

Bien hecho.
La gente debe ver claro.   520

UN CRIADO

Señora... *(Presentándose en el fondo.)*

TEODORA

Luces. Genaro. *(El criado sale.)*

DON SEVERO

Quien sigue el camino estrecho
del deber y la lealtad,
y es siempre lo que parece,   525
no se apura ni enrojece
por la mucha claridad.

> *(Entran criados con luces; el salón queda espléndida-
> mente iluminado.)*

TEODORA

*(Después de una pequeña pausa dice con naturalidad y
riendo.)*
Eso me parece a mí
y a cualquiera. *(Dirigiéndose a Mercedes.)*

MERCEDES

Por supuesto.

DON SEVERO

¡Hola, hola, don Ernesto!   530
Conque ¿estaba usted aquí,
con Teodora, cuando entré? *(Con intención.)*

ERNESTO

(Fríamente.) Aquí estaba por lo visto.

DON SEVERO

Por lo visto, no, ¡por Cristo!
que en las sombras no se ve.   535
(Acercándose a él, dándole la mano y mirándole
fijamente. Teodora y Mercedes hablan aparte.)
(Aparte.) Su color es encendida,
y parece haber llorado.
De niño y de enamorado
se llora sólo en la vida.
¿Y Julián? *(En voz alta.)*

TEODORA

        Pues allá dentro,   540
se fue a escribir una carta.

ERNESTO

(Aparte.) Aunque mi paciencia es harta,
me saca éste de mi centro.

DON SEVERO

Voy a verle. ¿La comida
da tiempo? *(A Teodora.)*

TEODORA

        Tiempo de sobra.

DON SEVERO

Bien. Pues manos a la obra.   545

(*Aparte restregándose las manos y mirando a Teodora y a Ernesto.*)
Adiós. (*En voz alta.*)

TEODORA

Adiós.

DON SEVERO

¡Por mi vida!
(*Aparte y mirándolos rencorosamente al salir.*)

ESCENA V

TEODORA, MERCEDES, ERNESTO. *Las dos mujeres se sientan en el sofá. Ernesto en pie.*

MERCEDES

Hoy no nos ha visto usté. (*A Ernesto.*)

ERNESTO

No.

MERCEDES

Ni tampoco a Pepito.

ERNESTO

No, señora.

MERCEDES

Está solito
allá arriba.

110

ERNESTO

(Aparte.) Que lo esté.   550

MERCEDES

(A Teodora con severidad[29] *y misterio.)*
Yo quisiera que se fuese,
porque he de hablarte...

TEODORA

¿Tú?

MERCEDES

(Lo mismo que antes.)   Sí.
De asuntos graves.

TEODORA

Pues di.

MERCEDES

Como no se marcha ése...

TEODORA

No te comprendo. *(Todo en voz baja.)*

MERCEDES

¡Valor!   555
*(Le coge la mano y se la estrecha afectuosamente.
Teodora la mira con asombro sin comprender nada.)*
Haz porque nos deje presto.

---

[29] Rodríguez: *seriedad.*

TEODORA

Si tú te empeñas... *(En voz alta.)* Ernesto...
Si me hiciera usté un favor...

ERNESTO

Con mil amores.

MERCEDES

    (Aparte.) Con uno,
y sobra [30].

TEODORA

      Pues, suba usté   560
y a Pepito... vamos... que...
pero acaso le importuno
con este encargo.

ERNESTO

    No tal.

MERCEDES

(Aparte.) ¡Con qué dulzura y qué tono!

TEODORA

Que... si renovó el abono   565
de nuestro palco del Real
como le dije; ya sabe.

ERNESTO

Con mucho gusto; al momento.

---

[30] Mercedes sospecha.

TEODORA

Gracias, Ernesto; yo siento...

ERNESTO

¡Por Dios! *(Dirigiéndose al fondo.)*

TEODORA

¡Adiós!

(Sale ERNESTO *por el fondo.)*

ESCENA VI

TEODORA, MERCEDES

TEODORA

                     ¡Cosa grave!   570
¡Alarmada estoy, Mercedes!
Ese tono, ese misterio...
¿Se trata?

MERCEDES

De algo muy serio

TEODORA

Pero, ¿de quién?

MERCEDES

Pues de ustedes.

TEODORA

¿De nosotros?

MERCEDES

De Julián,   575
de Ernesto y de ti. Ya ves.

TEODORA

¿De los tres?

MERCEDES

Sí, de los tres.

(TEODORA *contempla con asombro a* MERCEDES;
pequeña pausa.)

TEODORA

Pues di pronto.

MERCEDES

(*Aparte.*)   ¡Ganas dan!
Pero no, cierro la mano,
que es el asunto escabroso,   580
(*En voz alta*) Mira, Teodora, mi esposo
al fin del tuyo es hermano,
y de una familia todos
venimos a ser, de suerte
que en la vida y en la muerte,   585
por estos o aquellos modos,
nos debemos protección,
y ayuda y consejo... es claro;

hoy, yo te brindo mi amparo,   590
y mañana, en la ocasión,
sin sonrojos en la tez
acudimos al de ustedes.

TEODORA

Y cuenta con él, Mercedes.
Pero acaba de una vez.

MERCEDES

Hasta hoy no he querido dar,   595
Teodora, este paso; pero
hoy ya, me dijo Severo:
«De aquí no puede pasar;
»que de mi hermano el honor,
»cual mi propio honor estimo,   600
»y al ver ciertas cosas gimo
»de vergüenza y de dolor.
»Siempre indirectas oyendo,
»siempre sonrisas mirando,
»siempre los ojos bajando   605
»y de las gentes huyendo.
»En ésta, de infamias lid
»es necesario acabar,
»que no puedo tolerar
»lo que se dice en Madrid.»   610

TEODORA

¡Sigue, sigue!

MERCEDES

Pues escucha.
(Pausa. Mercedes mira fijamente a Teodora.)

TEODORA

Vamos. ¿Qué dicen, Dios mío?

MERCEDES

Mira, cuando suena el río
agua lleva poca o mucha.

TEODORA

¡No sé si suena o no suena,   615
si agua lleva mucha o poca,
sólo sé, que ya estoy loca!

MERCEDES

(Aparte.) Pobre niña, me da pena.
(En voz alta.)
Pero en fin, ¿no has comprendido?

TEODORA

¿Yo? No.

MERCEDES

(Aparte.) Torpeza es también.   620
(En voz alta y con energía.
¡Está en ridículo!

TEODORA

¿Quién?

MERCEDES

¿Quién ha de ser? Tu marido.

TEODORA

(Levantándose con ímpetu.)
¿Julián? ¡Mentira! Villano
quien habló de esa[31] manera.
¡Ah, si Julián le tuviera   625
al alcance de su mano!

MERCEDES

(Calmándola[32] y haciéndola sentar otra vez junto a ella.)
Necesitara tener
manos para mucha gente,
que si la fama no miente   630
todos son de un parecer.

TEODORA

Pero en fin ¿qué infamia es ésa?
¿Cuál el misterio profundo?
¿Qué es lo que repite el mundo?

MERCEDES

¿Conque te pesa?

TEODORA

                    ¡Me pesa!
¿Pero qué?

MERCEDES

            Mira, Teodora,   635
eres una niña; a tu edad

---

[31] Rodríguez: *tal* en vez de *esa*.
[32] De acuerdo con Rodríguez; Tello: *Calmándose*.

se cometen, sin maldad,
ligerezas... ¡y se llora
después tanto!... ¿Todavía
no me comprendes? Di.

TEODORA

640

No.
¿Por qué he de entenderte yo
si esa historia no es la mía?

MERCEDES

Es la historia de un infame,
y es la historia de una dama...

TEODORA

¿Y ella se llama?... *(Con ansia.)*

MERCEDES

645

Se llama...

TEODORA

¿Qué importa cómo se llame?...
(Conteniéndola.)

*(TEODORA se separa de MERCEDES sin levantarse
del sofá; MERCEDES se le acerca a medida que habla.
Este [33] movimiento de repugnancia y alejamiento en
TEODORA, de protección e insistencia en MERCEDES,
muy marcado.)*

---

[33] Rodríguez: *Este doble movimiento...*

El hombre es ruin y traidor,
y exige de la mujer,
por una hora de placer,
una vida de dolor.   650
La deshonra del esposo,
de la familia la ruina,
y la frente que se inclina,
bajo sello vergonzoso;
como social penitencia   655
el desprecio en los demás,
¡y Dios que castiga aun más
con la voz de la conciencia!

(Ya están al otro extremo del sofá; TEODORA *huye
del contacto de* MERCEDES, *inclina hacia atrás el
cuerpo y se cubre el rostro con las manos; al fin ha
comprendido.)*

MERCEDES

Ven a mis brazos, Teodora...
(Aparte.) ¡Pobrecilla, me enternece!   660
(En voz alta.) Ese hombre no te merece.

TEODORA

¿Pero adónde va señora,
con ese arrebato ciego?
¡Si no es miedo, ni es espanto;
si no hay en mis ojos llanto;   665
si en mis ojos sólo hay fuego!
¿A quién oyó lo que oí?
¿Quién es ese hombre? ¡Será!...
¿Él acaso?...

MERCEDES

Ernesto.

TEODORA

¡Ah!... *(Pausa.)*
La mujer, yo; ¿no es así?   670
(Señal afirmativa de Mercedes. Teodora se levanta.)
Pues escucha aunque te irrites:
cuál es más vil no sé yo,
si el mundo que lo inventó
o tú que me lo repites.
¡Maldito el labio mundano   675
que dio forma a tal idea!
¡Y maldito quien lo crea
por imbécil o villano!
¡Tan maldita [34] y tan fatal,
que sólo por no arrancarla   680
de mi memoria y llevarla
en ella, ya soy criminal!
¡Jesús, nunca lo pensé;
Jesús, nunca lo creí;
tan desgraciado le vi   685
que como a hermano le amé!
Julián fue su providencia...
y él es noble y caballero...
(Deteniéndose, observando a Mercedes y volviendo el rostro.)
(Aparte.) ¡Cómo me mira!... No quiero
alabarle en su presencia.   690
¡De modo que ya, Dios mío,
he de fingir! *(Acongojándose visiblemente.)*

---

[34] Concordancia con *idea*, verso 676.

120

Vamos, calma.

TEODORA

(En voz alta.)
¡Qué angustia siento en el alma...
qué desconsuelo... y qué frío!...
¡Por la pública opinión   695
de esta manera manchada!...
¡Ay mi madre!... ¡Madre amada!...
¡Ay Julián del corazón!
(Cae sollozando en el sillón de la izquierda. Mercedes procura consolarla.)

MERCEDES

Yo no presumí... perdona...
no llores... Si no creía   700
nada serio... ¡Si sabía
que tu pasado te abona!
Pero siendo el caso así,
has de confesar también
que de cada ciento, cien,   705
de tu Julián y de ti
dirán con justo rigor,
que fuisteis harto imprudentes
dando ocasión a las gentes
a pensar en lo peor.   710
Tú, joven de veinte abriles,
Julián en su cuarentena,
y Ernesto la mente llena
de fantásticos perfiles...
En sus asuntos tu esposo,   715
el otro en sus fantasías,
más ocasiones que días,

y tu pensamiento ocioso...
La gente que os ve en paseo,
la gente que os ve en el Real...   720
mal hizo en pensar tan mal;
pero, Teodora, yo creo
que en justicia y en razón,
en todo lo que ha pasado,
el mundo puso el pecado   725
y vosotros la ocasión.
La moderna sociedad,
permíteme que te diga,
que la culpa que castiga
con más saña y más crueldad,   730
y en forma más rica y varia,
en la mujer y en el hombre,
es, Teodora, y no te asombre,
la imprudencia temeraria [35].

TEODORA

(Volviéndose a Mercedes; pero sin atender a su parlamento.)
¿Y dices que Julián?...

MERCEDES

                    ¡Sí,   735
es la mofa de la corte!
Y tú...

TEODORA

        De mí... no te importe.
¡Pero Julián!... ¡Ay de mí!
¡Tan bueno!... ¡Tan caballero!...
Cuando sepa...

---

[35] Frase para aludir a cualquier acción que pueda ser motivo de escándalo.

MERCEDES

Lo sabrá,   740
porque ahora mismo estará
hablando con él Severo.

TEODORA

¡Qué dices!

DON JULIÁN

(Desde dentro.) ¡Basta!

TEODORA

¡Dios mío!

DON JULIÁN

¡Que me dejes!

TEODORA

¡Ay de mí!
Vámonos pronto de aquí...   745

MERCEDES

(Después de asomarse a la primera puerta de la derecha.)
¡Sí, pronto, que es desvarío!... *(Teodora y Mercedes se
dirigen hacia la izquierda.)*

TEODORA

(Deteniéndose.)
Pero ¿por qué?... ¡No parece
sino que yo soy culpable!
¡La calumnia miserable   750

no mancha sólo, envilece!
¡Es engendro tan maldito,
que, contra toda evidencia,
se nos mete en la conciencia
con el sabor del delito!
¿Por qué de un necio terror   755
me oprimen los ruines lazos?
(*En este momento aparecen en la puerta de la derecha,
primer término, D. Julián y detrás D. Severo.*)
¡Don Julián!

DON JULIÁN

¡Teodora!
(*Corre a él, que la oprime apasionadamente contra su pecho.*)
       ¡En mis brazos!
Este es tu puesto de honor.

ESCENA VII

TEODORA, MERCEDES, DON JULIÁN, DON SE-
VERO. *El orden de los personajes, de izquierda a
derecha, es el siguiente: Mercedes, Teodora, D. Julián,
D. Severo. Teodora y D. Julián forman un grupo, ella
en los brazos de él.*

DON JULIÁN

Pase por primera vez,
y ¡vive Dios! que es pasar[36];   760
pero quien vuelva a manchar
con lágrimas esta tez,
(*Señalando a Teodora.*)

---

[36] Juego de palabras con el verbo *pasar;* continúa en verso 764.

yo juro, y no juro en vano,
que no pasa, si tal pasa,
los umbrales de esta casa,   765
ni aun siendo mi propio hermano.
(Pausa. D. Julián acaricia y consuela a Teodora.)

DON SEVERO

Repetí lo que la gente
murmura de ti, Julián.

DON JULIÁN

Infamias.

DON SEVERO

Pues lo serán.

DON JULIÁN

Lo son.

DON SEVERO

Pues deja que cuente   770
lo que todo el mundo sabe.

DON JULIÁN

¡Vilezas, mentira, lodo!

DON SEVERO

Pues repetirlo...

DON JULIÁN

No es modo
ni manera de que acabe. *(Pequeña pausa.)*

DON SEVERO

No tienes razón.

DON JULIÁN

Razón,   775
y de sobra. Fuera bueno
que me trajeses el cieno
de la calle a mi salón.

DON SEVERO

¡Pues será!

DON JULIÁN

¡Pues no ha de ser!

DON SEVERO

¡Mío es tu nombre!

DON JULIÁN

¡No más!   780

DON SEVERO

¡Y tu honor!

DON JULIÁN

Piensa que estás
delante de mi mujer. *(Pausa.)*

DON SEVERO

(A D. Julián en voz baja.)
¡Si nuestro padre te viera!

Don Julián

¡Cómo!... Severo, ¿qué es esto?

Mercedes

Silencio, que viene Ernesto.   785

Teodora

(Aparte.) ¡Qué vergüenza!... ¡Si él supiera!
(Teodora vuelve el rostro y lo inclina; D. Julián la mira fijamente.)

Escena VIII

Teodora, Mercedes, Don Julián, Don Severo, Ernesto, Pepito, *los dos últimos por el foro. El orden de los personajes es el siguiente, de izquierda a derecha: Mercedes, Pepito, Teodora, D. Julián, Ernesto, D. Severo. Es decir, que al entrar Ernesto y Pepito se separan; aquél viene al lado de D. Julián, éste al de Teodora.*

Ernesto

(Observando un instante desde el fondo el grupo de Teodora y de D. Julián.)
(Aparte.) Ella y él... no es ilusión.
¿Sí será lo que temí?...
Lo que a ese imbécil oí...
(Refiriéndose a Pepito, que en este momento entra.)
No fue suya la invención.   790

PEPITO

(Que ha mirado con extrañeza a uno y otro lado.)
Salud y buen apetito,
porque se acerca la hora.
Aquí está el palco, Teodora.
Don Julián...

TEODORA

Gracias, Pepito.
(Tomando el palco maquinalmente.)

ERNESTO

¿Qué tiene Teodora?
(A D. Julián en voz baja.)

DON JULIÁN

Nada.

795

ERNESTO

(Como antes.) Está pálida y llorosa.

DON JULIÁN

(Sin poder contenerse.)
No te preocupes de mi esposa.
(Pausa. D. Julián y Ernesto cruzan una mirada.)

ERNESTO

(Aparte.) ¡Miserables! Fue jornada
completa.

PEPITO

Loco de atar.
(A su madre en voz baja señalando a Ernesto.)

Porque le di cierta broma
con Teodora[37] toma, toma...   800
¡que me quería matar!

ERNESTO

(En voz alta; triste pero resuelto y con ademán noble.)
Don Julián, pensé despacio
en su generosa oferta...
y aunque mi labio no acierta...   805
y anda torpe y va reacio...
y aunque conozco que yo
ya de su bondad abuso...
en fin, señor, que rehuso
el puesto que me ofreció.   810

DON JULIÁN

¿Por qué?

ERNESTO

        Porque soy así:
un poeta, un soñador.
Nunca mi padre, señor,
hizo carrera de mí.
Yo necesito viajar;   815
soy rebelde y soy inquieto;
vamos, que no me sujeto
como otros, a vegetar.
Espíritu aventurero,
me voy cual nuevo Colón...   820
En fin, si tengo razón,
que lo diga don Severo.

---

[37] Rodríguez: *su prima* en vez de *Teodora*.

DON SEVERO

Habla usted como un abismo
de ciencia y como hombre ducho.
Hace mucho tiempo, mucho,   825
que pensaba yo lo mismo.

DON JULIÁN

¿Conque sientes comenzón
de mundos y de viajar?
¿Conque nos quieres dejar?
Y los medios... ¿cuáles son?   830

DON SEVERO

El... se marcha... a donde sienta
que ha de estar más a su gusto.
Lo demás, para ser justo,
ha de correr de tu cuenta. *(A D. Julián)*
Cuanto quiera... no concibo   835
que economice ni un cuarto.

ERNESTO

(A Severo.) Ni yo deshonras reparto,
ni yo limosnas recibo. *(Pausa.)*
Pero, en fin, ello ha de ser,
y como la despedida   840
fuera triste, que en la vida...
quizá no les vuelva a ver,
es lo mejor que ahora mismo
nos demos un buen abrazo... *(A D. Julián.)*
y rompamos este lazo...   845
y perdonen mi egoísmo.
(Profundamente conmovido.)

DON SEVERO

(Aparte.) ¡Cómo se miran los dos!

TEODORA

(Aparte.) ¡Qué alma tan hermosa tiene!

ERNESTO

Don Julián, ¿qué le detiene?
Este es el último adiós.   850
(Dirigiéndose a D. Julián con los brazos abiertos.
D. Julián le recibe en los suyos y se abrazan fuertemente.)

DON JULIÁN

No, las cosas bien miradas
ni el último, ni el primero;
es el abrazo sincero
de dos personas honradas.
De ese proyecto insensato   855
no quiero que me hables más.

DON SEVERO

Pero, ¿no se va?

DON JULIÁN

                    Jamás.
Yo no mudo a cada rato
el punto en que me coloco,
o aquel plan a que me ciño,   860
por los caprichos de un niño
o los delirios de un loco.
Y aún fuera mayor mancilla,
el sujetar mis acciones

a necias murmuraciones
de la muy heroica villa.

DON SEVERO

Julián...

DON JULIÁN

Basta, que la mesa
nos aguarda.

ERNESTO

¡Padre mío!...
no puedo.

DON JULIÁN

Pues yo confío
en que podrás. ¿O te pesa
mi autoridad?

ERNESTO

¡Por favor!

DON JULIÁN

Vamos allá, que ya es hora.
Dale tú el brazo a Teodora *(A Ernesto.)*
y llévala al comedor.

ERNESTO

¡A Teodora!... *(Mirándola y retrocediendo.)*

TEODORA

(Lo mismo.) ¡Ernesto!

Sí,   875
como siempre.

> *(Movimiento de duda y vacilación en ambos. Al fin se acerca Ernesto, y Teodora se apoya en su brazo, pero sin mirarse, cortados, conmovidos, violentos. Todo ello queda encomendado a los actores.)*

(A Pepito.) Y vamos, tú...
el tuyo... ¡por Belcebú! 38
a tu madre. Y junto a mí
(Pepito da el brazo a Mercedes.)
Severo, mi buen hermano;
(Apoyándose en él un momento.)
y así... en familia comer,   880
¡y que rebose el placer
con las copas en la mano!
¿Hay quién murmura? Corriente,
pues que murmure o que grite;
a mí se me da un ardite   885
de lo que dice la gente.
Palacio quisiera ahora
con paredes de cristal,
y que a través del fanal
viesen a Ernesto y Teodora   890
los que nos traen entre manos,
porque entendiesen así
lo que se me importa a mí
de calumnias y villanos.
Cada cual siga su suerte.   895

---

38 Juramento característico del teatro romántico.

(En este momento aparece un criado con traje de etiqueta, de negro y corbata blanca.)
La comida.

CRIADO

Está servida.
(Abre la puerta del comedor; se ve la mesa, los sillones, lámpara colgada del techo, etc., en suma, una mesa y un comedor de lujo.)

DON JULIÁN

Pues hagamos por la vida,
que ya harán por nuestra muerte.
Vamos... *(Invitando a que pasen.)*

TEODORA

Mercedes...

MERCEDES

Teodora...

TEODORA

Ustedes...

MERCEDES

Pasen ustedes...   900

TEODORA

No, ve delante, Mercedes.
(Mercedes y Pepito pasan delante y se dirigen al comedor lentamente. Teodora y Ernesto quedan todavía inmóviles y

134

como absortos en sus pensamientos. Ernesto fija en ella la
vista.)

Don Julián

(Aparte.) El la mira y ella llora.
(Siguen muy despacio a Mercedes; Teodora vacilante, dete-
niéndose y enjuagando el llanto.)
¿Se hablan bajo? *(A D. Severo aparte.)*

Don Severo

No lo sé,
pero presumo que sí.

Don Julián

¿Por qué vuelven hacia aquí   905
(Ernesto y Teodora se han detenido y han vuelto
la cabeza furtivamente. Después siguen andando.)
la vista los dos?... ¿Por qué?

Don Severo

Ya vas entrando en razón.

Don Julián

¡Voy entrando en tu locura!
¡Ah! ¡La calumnia es segura;
va derecha al corazón!   910
(El y D. Severo se dirigen al comedor.)

Fin del acto primero

ACTO SEGUNDO

La escena representa una sala pequeña y excesivamente modesta, casi pobre. Una puerta en el fondo; a la derecha del espectador otra puerta, una sola; a la izquierda un balcón. Un estante de pino con algunos libros, una mesa, un sillón. La mesa a la izquierda; sobre ella una fotografía de D. Julián en su marco; al lado, otro marco igual al anterior, pero sin ningún retrato; ambos son bastante pequeños. También sobre la mesa un quinqué apagado, un ejemplar de la Divina Comedia del Dante, abierto por el episodio de Francesca, y un pedazo de papel medio quemado; además papeles sueltos y el manuscrito de un drama. Algunas sillas. Todos los muebles pobres, en armonía con la pobreza del cuarto. Es de día.

Escena primera

Don Julián, Don Severo, Un Criado. *Los tres entran por el fondo.*

Don Severo

¿No está el señor?

Criado

No, señor;
ha salido muy temprano.

No importa, le esperaremos;
porque supongo que al cabo
don Ernesto ha de venir.   915

CRIADO

Es lo probable, que el amo
es puntual como ninguno
y como ninguno exacto.

DON SEVERO

Bueno, vete.

CRIADO

    Sí, señor.
Si algo mandan, fuera aguardo.   920
(Sale el criado por el fondo.)

ESCENA II

DON JULIÁN, DON SEVERO

DON SEVERO

¡Qué modestia! *(Mirando el cuarto.)*

DON JULIÁN

    ¡Qué pobreza
dirás mejor!

DON SEVERO

    ¡Vaya un cuarto!
Una alcoba sin salida,

(Mirando por la puerta de la derecha; luego por la del fondo.)

la antesala, este despacho,
y pare usté de contar.   925

DON JULIÁN

Y empiece a contar el diablo
de ingratitudes humanas,
de sentimientos bastardos,
de pasiones miserables,
de calumnias de villanos,   930
y no acabará jamás
aunque cuente aprisa y largo.

DON SEVERO

La casualidad [38bis] lo quiso.

DON JULIÁN

Ese no es el nombre, hermano.
Lo quiso... quien yo me sé.   935

DON SEVERO

¿Y quién es ése? ¿Yo acaso?

DON JULIÁN

Tú también. Y antes que tú
los necios desocupados,
que de mi honor y mi esposa
sin rebozo murmuraron.   940
Y después yo, que cobarde,

[38bis] Rodríguez: *fatalidad* en lugar de *casualidad*.

y celoso, y ruin, y bajo,
dejé salir de mi hogar
a ese mancebo, que ha dado
pruebas de ser tan altivo,   945
como yo de ser ingrato.
Ingrato: ¿porque tú ves
mi ostentación y regalo,
el lujo de mis salones,
de mis trenes el boato,   950
el crédito de mi firma,
los caudales que gozamos?
Pues todo, ¿sabes de dónde
procede?

DON SEVERO

    Y hasta olvidado
lo tengo.

DON JULIÁN

    Tú lo dijiste: 955
el olvido, premio humano
a toda acción generosa,
a todo arranque bizarro,
que en su modesto retiro,
sin trompetas ni reclamos,   960
realice un hombre por otro,
como amigo o como honrado.

DON SEVERO

Eres injusto contigo:
tu gratitud llegó a tanto,
que tu honor y hasta tu dicha   965
casi le has sacrificado.

¿Qué más se puede pedir?
¿Ni qué más hiciera un santo?
Todo su término tiene,
lo bueno como lo malo.
Es orgulloso... empeñóse...   970
y aunque te opusiste... claro...
él es dueño de sí mismo,
de su persona y sus actos,
y una mañana dejó,   975
porque quiso, tu palacio,
y en este zaquizami [39]
metióse desesperado.
Es muy triste; pero, amigo,
¿quién ha podido evitarlo?   980

DON JULIÁN

Todos, si estuviesen todos
atentos a sus cuidados,
y de las honras ajenas
no se llevasen pedazos,
al revolver de sus lenguas   985
y al señalar de sus manos.
¿Qué les importaba, di,
que yo, cumpliendo un sagrado
deber, hiciese de Ernesto
un hijo y ella un hermano?   990
¿Es suficiente, en mi mesa,
o en paseo, o en el teatro,
junto a una joven hermosa,
ver a un mancebo gallardo,
para suponer infamias,   995
y para aventar escándalos?

---

[39] Vocablo empleado por Luis Vélez de Guevara en *El diablo cojuelo*:
cuarto pequeño y poco cómodo.

¿Acaso el amor impuro,
en este mundo de barro,
es entre hombres y mujeres
único, supremo lazo?   1.000
¿No hay amistad, gratitud,
simpatía, o tal estamos,
que juventud y belleza
sólo se unen en el fango?
Y aun suponiendo que fuese   1.005
lo que suponen menguados,
¿qué falta me hacen los necios
para vengar mis agravios?
Para ver tengo mis ojos,
para observar mis cuidados,   1.010
y para vengar injurias
hierro, corazón y manos.

DON SEVERO

Bien, pues hicieron muy mal
las gentes que murmuraron;
pero yo, que soy tu sangre,   1.015
que llevo tu nombre... vamos,
¿debí callar?

DON JULIÁN

             ¡No, por Dios!
Pero debiste ser cauto,
y con prudencia, a mí solo,
hablarme del triste caso,   1.020
y no encender un volcán
en mi casa y en mi tálamo.

DON SEVERO

Pequé sólo por exceso
de cariño; pero aun cuando

reconozca yo mi culpa,   1.025
aunque confiese que el daño
entre el mundo y yo lo hicimos,
él, infamias inventando,
y yo, recogiendo torpe
los ecos mil del escándalo;   1.030
(Acercándose a él con expresión de interés y cariño.)
lo que es tú, Julián, estás
limpio y libre de pecado;
conque escrúpulos desecha
y ensancha tu pecho hidalgo [40].

DON JULIÁN

No puedo ensanchar mi pecho,   1.035
que albergue en mi pecho he dado
a eso mismo, que condenan
mi entendimiento y mis labios.
Yo las calumnias del mundo
con indignación rechazo;   1.040
mienten, digo a voz en cuello,
y repito por lo bajo,
«¿y si mintiendo no mienten,
y si aciertan por acaso?»
De modo que en esta lucha   1.045
de dos impulsos contrarios,
para los demás soy juez,
y soy su cómplice en tanto.
Y en mí mismo me consumo,
conmigo mismo batallo,   1.050
la duda crece y se ensancha,
ruge el corazón airado
y ante mis ojos de sangre
se extiende rojizo manto.

---

[40] Es decir, respira tranquilo que tu comportamiento ha sido digno.

¡Deliras!

DON JULIÁN

No, no deliro;   1.055
el alma te muestro, hermano.
¿Acaso piensas que Ernesto
mi casa hubiese dejado,
si yo, con firme propósito
de oponerme y de estorbarlo,   1.060
cuando él cruzó sus umbrales,
le hubiera salido al paso?
Se fue, porque allá en el fondo
de mi espíritu turbado,
traidora voz resonaba   1.065
diciéndome: «Deja franco
»el portillo a la salida,
»y cierra bien en pasando,
»que en fortalezas de honor
»es mal alcaide el confiado.»   1.070
Y en lo interior un deseo,
y otro deseo en los labios;
y «Vuelve, Ernesto», en voz alta,
y «No vuelvas», por lo bajo,
a un mismo tiempo, con él,   1.075
con apariencias de franco,
¡era hipócrita y cobarde,
era astuto y era ingrato!
No, Severo, no se porta
así, quien es hombre honrado.   1.080
*(Se deja caer en el sillón que está junto a la mesa, mostrando
gran abatimiento.)*

Así se porta, quien cuida
a esposa de pocos años,
y de espléndida hermosura,
y de espíritu exaltado.

DON JULIÁN

¡No hables tal de mi Teodora!   1.085
Es espejo que empañamos
con nuestro aliento, al querer
imprudentes acercarnos.
¡La luz del sol reflejaba,
antes que del mundo airado,   1.090
las mil cabezas de víboras
se acercasen a mirarlo!
Hoy bullen en el cristal
dentro del divino marco;
pero sombras son sin cuerpo,   1.095
ha de espantarlas mi mano,
y otra vez verás en él
el limpio azul del espacio.

DON SEVERO

Mejor que mejor.

DON JULIÁN

No así.

DON SEVERO

¿Pues qué falta?

DON JULIÁN

¡Falta tanto!   1.100
Advierte que estas internas

luchas, que te he confesado,
han hecho de mi carácter
otro carácter contrario.
Ahora mi esposa me ve   1.105
siempre triste, siempre huraño;
no soy el mismo que he sido,
por serlo me esfuerzo en vano;
y ella debe preguntarse
al observar este cambio: 1.110
«¿Dónde está Julián, Dios mío;
»dónde está mi esposo amado?
»¿Qué hice yo para perder
»su confianza? ¿Qué villanos
»pensamientos le preocupan   1.115
»y le arrancan de mis brazos?»
Y una sombra entre los dos
se va de este modo alzando,
y nos separa y aleja
lentamente y paso a paso.   1.120
No ya más dulces confianzas,
no ya más coloquios plácidos,
heláronse las sonrisas,
los acentos son amargos,
en mí recelos injustos,   1.125
en Teodora triste llanto,
yo herido en mi amor, y en ella,
heridos, y por mi mano,
su dignidad de mujer,
y su cariño. Así estamos.   1.130

DON SEVERO

Pues estamos en camino
de perdición. Si tan claro
ves lo que pasa ¿por qué
no pones remedio?

Es vano
mi esfuerzo. Yo sé que soy   1.135
injusto de ella dudando;
es más, si por hoy no dudo,
pero ¿quién dice que al cabo,
yo perdiendo poco a poco,
y él poco a poco ganando,   1.140
no será verdad mañana,
lo que hoy mentira juzgamos?
(Cogiendo por el brazo a D. Severo y hablándole con recon-
centrada energía y mal contenidos celos.)
Yo, el celoso; yo, el sombrío;
yo, el injusto; yo, el tirano;
y él, el noble y generoso,   1.145
siempre dulce y resignado,
con la aureola del martirio,
que a un mozo apuesto y gallardo
sienta tan bien a los ojos
de toda mujer, es llano   1.150
que él lleva la mejor parte
en este injusto reparto,
y que gana lo que pierdo,
sin que pueda remediarlo.
Esto es lo cierto; no dudes;   1.155
y agrega que con reclamos
infames, llega traidor
el mundo a los dos en tanto,
y aunque dicen con verdad
«¡Pero si no nos amamos!»   1.160
a fuerza de repetirlo
acabarán por pensarlo.

DON SEVERO

Si así estás, mira, Julián,
yo creo que lo más sano
es dejar que Ernesto lleve   1.165
todo su proyecto a cabo.

DON JULIÁN

Pues a estorbárselo vengo.

DON SEVERO

Pues eres un insensato.
¿A Buenos Aires pretende
marcharse? Pues ni de encargo;   1.170
váyase en buque de vela,
viento fresco y mucho trapo.

DON JULIÁN

Y a los ojos de Teodora
¿quieres que aparezca ingrato,
y miserable, y celoso?   1.175
¿Tú no sabes, pobre hermano,
que hombre a quien mujer desprecia,
podrá ser su amante al cabo,
pero que si lleva nombre
de esposo, está deshonrado?   1.180
¡Quieres que mi esposa siga,
a través del mar amargo,
con el pensamiento triste,
al infeliz desterrado?
¿No sabes, que si yo viese   1.185
sobre su mejilla el rastro
de una lágrima no más,
y pensase que era el llanto

por Ernesto, la ahogaría
entre mis crispadas manos?   1.190
(Con reconcentrado furor.)

DON SEVERO

¿Pues entonces, qué debemos
hacer?

DON JULIÁN

    Sufrir; que el cuidado
de preparar desenlace
para este drama, está a cargo
del mundo que lo engendró   1.195
solamente con mirarnos;
tal su mirada es fecunda
en lo bueno y en lo malo.

DON SEVERO

Presumo que viene gente.
(Acercándose al fondo.)

UN CRIADO

No puede tardar el amo.   1.200
(Desde dentro, pero sin presentarse.)

ESCENA III

    DON JULIÁN, DON SEVERO, PEPITO *por el fondo.*

DON SEVERO

¿Tú por aquí?

PEPITO

(Aparte.) (¡Toma, ya
lo supieron! Me he lucido [41].
(En voz alta.) Pues todos hemos venido.
Adiós, tío; adiós, papá.
(Aparte.) Nada, saben lo que pasa.   1.205
(En voz alta.)
¿Conque ustedes... por supuesto,
buscando vendrán a Ernesto?

DON SEVERO

¿Pues a quién en esta casa?

DON JULIÁN

¿Y tú estarás al corriente
de lo que trata ese loco?   1.210

PEPITO

¿De lo que?... Pues claro, un poco.
Sé... lo que sabe la gente.

DON SEVERO

¿Y es mañana cuando?...

PEPITO

No,
mañana se ha de marchar;

---

[41] Al encontrar a don Julián y a don Severo, Pepito se queda desconcer-
tado: pensaba que su tío y su padre no sabían nada de la historia que va a
contar a continuación y la presencia de ambos le hace creer lo contrario
(Cfr. verso 1.231). Convencido de su complicidad, rompe el secreto.

149

y tiene que despachar
hoy mismo.

DON JULIÁN

(Con extrañeza.) ¿Qué dices?

PEPITO

¿Yo?
Lo que dijo Pepe Uceda
a la puerta del Casino
ayer noche; y es padrino
del Vizconde de Nebreda.   1.220
Conque si él no acierta... Pero,
¡miran ustedes de un modo!
¿Acaso no saben?...

DON JULIÁN

Todo.
(Con resolución, previniendo un movimiento de su hermano.)

DON SEVERO

Nosotros...

DON JULIÁN

(Aparte.) Calla, Severo.
Que parte mañana oímos, *(En voz alta.)*   1.225
y que hoy... se juega la vida...
y a evitar duelo y partida...
como es natural, vínimos.

*(En toda esta escena D. Julián finge estar entera-
do del lance para sonsacar a Pepito, aunque claro es que*

*sólo venía por el viaje de Ernesto. Todos los pormenores
y accidentes del diálogo quedan encomendados al talento
del actor.)*

Don Severo

¿Qué duelo es ése? *(Aparte a D. Julián.)*

Don Julián

(Aparte a D. Severo.) No sé,
pero lo sabremos pronto.   1.230

Pepito

(Aparte.) Vamos, pues no he sido un tonto.

Don Julián

Nosotros sabemos que...
(Con tono de estar muy enterado.)
con un vizconde...

Pepito

Sí tal.

Don Julián

¡Tiene Ernesto concertado
un duelo!... Nos lo ha contado   1.235
cierta persona formal
que lo supo en el instante.
¡Dicen que es grave la cosa!...
(Señas afirmativas de Pepito.)
¡Una riña escandalosa!...
¡Y mucha gente delante!... *(Lo mismo.)*   1.240

¡Que tú mientes!... ¡Que yo miento!
¡Y palabras en montón!

PEPITO

(Interrumpiendo con el placer y el afán del que sabe más.)
¡Palabras!... ¡Un bofetón
más grande que un monumento!

DON SEVERO

¿Quién a quién?

PEPITO

Ernesto al otro.   1.245

DON JULIÁN

¡Ernesto!... ¿No te enteraste? *(A D. Severo.)*
Ese Vizconde dio al traste
con su paciencia. En un potro
le tuvo... Vamos... de modo...
que el pobre chico rompió.   1.250

PEPITO

Cabal.

DON JULIÁN

Si te lo dije yo,
que nos lo han contado todo.
(Con suficiencia.)
¿Y el lance es serio?
(Con ansiedad mal contenida.)

152

PEPITO

Muy serio.

Pena el decirlo me da,
pero con ustedes ya   1.255
es inútil el misterio.

DON JULIÁN

¿Con qué objeto, ni a qué fin?...
*(Se acercan con ansiedad a Pepito y éste hace una pausa y se
da todo el tono del que comunica una mala noticia.)*

PEPITO

¡Pues a muerte! *(Les mira con aire de triunfo.)*
(Movimiento de D. Julián y de D. Severo.)
            Y el Vizconde
ni se espanta, ni se esconde,
¡y es un gran espadachín!   1.260

DON JULIÁN

Y la disputa... ¿por qué?
A Nebreda se le imputa...

PEPITO

Si casi no hubo disputa...
yo les diré cómo fue.
(Pausa, se acercan a Pepito con ansiedad profunda.)
Como Ernesto proyectaba   1.265
dejar mañana a Madrid,
por si pasaje en el *Cid*
a tiempo en Cádiz lograba;
y como Luis Alcaraz
prometida le tenía   1.270

153

una carta, que decía
que era de efecto eficaz
como recomendación,
a recogerla se fue
el pobre chico al café   1.275
con la mejor intención.
No estaba el otro; le espera;
ninguno allí le conoce,
y prosiguen en el goce
sublime de la tijera [42],   1.280
sin reparar en su faz,
ni en sus dientes apretados
unos cuantos abonados [43]
a la mesa de Alcaraz.
Venga gente, y caiga gente;   1.285
mano larga, y lengua lista;
¡allí se pasó revista
a todo bicho viviente!
Y en medio de aquel cotarro,
con más humo que echa un tren,   1.290
entre la copa de Ojén [44],
la ceniza del cigarro,
y alguno que otro terrón
de azúcar, allí esparcido,
quedó el mármol convertido   1.295
en mesa de disección.
Cada mujer deshonrada,
una copa de lo añejo;
cada tira de pellejo,
una alegre carcajada.   1.300
En cuatro tijeretazos,

---

[42] Es decir, el goce de la calumnia.
[43] Los acostumbrados asistentes de la tertulia.
[44] Aguardiente fabricado en la ciudad del mismo nombre, provincia de Málaga.

dejaron aquellos chicos
las honras hechas añicos,
las damas hechas pedazos.
Y sin embargo, ¿qué fue   1.305
ni qué era aquello en verdad?
Ecos de la sociedad
en la mesa de un café.
Esto no lo digo yo,
ni lo pienso, por supuesto.   1.310
Esto me lo dijo Ernesto,
cuando el lance me contó.

Don Julián

¡Acaba! ¿No acabarás?

Pepito

Por fin, entre nombre y nombre,
el nombre sonó... de un hombre,   1.315
y Ernesto no pudo más.
«¿Quién se atreve a escarnecer
a un hombre de honor?» exclama;
y le responden: «¡La dama!»
y nombran una mujer.   1.320
Brotando fuego el semblante
se arroja sobre Nebreda;
y el pobre Vizconde rueda;
y es un campo de Agramante [45]
aquel centro principal.   1.325
Resumen de la jornada:
hoy es el duelo y a espada
en un salón. No sé cuál.

---

[45] Alusión a la confusión que sembró San Miguel en el campo del jefe
sarraceno Agramante, al asediar éste el París de Carlomagno. Ariosto:
Orlando furioso, canto XXVII. Es un tema muy repetido en los romances.

DON JULIÁN

(Cogiéndole por un brazo con furor.)
¿Y el hombre era yo?

PEPITO

¡Señor!

DON JULIÁN

¿Y Teodora la mujer?   1.330
¡Dónde fueron a caer
ella, mi nombre y mi amor!
(Se desploma sobre un sillón ocultando el rostro entre las manos.)

DON SEVERO

(Aparte a Pepito.)
¡Qué has hecho, desventurado!

PEPITO

(Aparte.) ¿No dijo que lo sabía?
Pues yo... por eso... creía...   1.335

DON JULIÁN

¡Deshonrado! ¡Deshonrado!...

DON SEVERO

¡Julián! *(Acercándose con cariño.)*

DON JULIÁN

Es verdad; ya sé
que es preciso tener calma...

156

Pero ¡ay, que me falta el alma
cuando me falta la fe!   1.340
(Cogiéndose a su hermano con ansia.)
Pero ¿por qué de este modo
nos infaman, cielo santo?
¿Dónde hay razón para tanto
revolver y echarnos lodo?...
No importa, yo sé cumplir   1.345
como cumple un caballero.
¿Cuento contigo, Severo?

DON SEVERO

¿Si cuentas?... ¡Hasta morir!
(Se aprietan la mano con energía.)

DON JULIÁN

¿El duelo? *(A Pepito.)*

PEPITO

A las tres.

DON JULIÁN

(Aparte.) ¡Le mato!
Sí... ¡le mato!... Vamos. *(A Severo.)*

DON SEVERO

¿Dónde?   1.350

DON JULIÁN

A buscar a ese Vizconde.

DON SEVERO

¿Tratas por ventura?...

DON JULIÁN

Trato...
trato de hacer lo que puedo:
de vengar mi honra ofendida
y de salvarle la vida   1.355
al hijo de Juan Acedo.
(A Pepito.) ¿Quiénes los padrinos son?

PEPITO

Los dos: Alcaraz y Rueda.

DON JULIÁN

Los conozco. Aquí se queda
ése por si hay ocasión. *(Señalando a Pepito.)*   1.360
y vuelve Ernesto...

DON SEVERO

Entendido.

DON JULIÁN

Tú, sin inspirar recelo,
averiguas dónde el duelo
debe ser.

DON SEVERO

Ya lo has oído.

DON JULIÁN

Ven.

DON SEVERO

Julián, ¿qué tienes?

DON JULIÁN

    ¡Gozo!   1.365
como ha mucho no sentí.
(Cogiéndole el brazo nerviosamente.)

DON SEVERO

¡Qué diablo, no estás en ti!
¿Gozo?

DON JULIÁN

    De ver a ese mozo.

DON SEVERO

¿A Nebreda?

DON JULIÁN

    Sí, repara,
que hasta hoy la calumnia fue   1.370
impalpable, y no logré
ver cómo tiene la cara.
¡Y al fin sé dónde se esconde;
al fin tomó cuerpo humano,
y se me viene a la mano   1.375
bajo forma de un Vizconde!
Devorando sangre y hiel
tres meses [46] ¡por Belcebú!

---

[46] Único indicio del tiempo transcurrido en la obra.

y ahora... figúrate tú...
¡frente a frente, yo con él!   1.380
(Salen por el fondo D. Julián y D. Severo.)

ESCENA IV

PEPITO

Pues señor, ¡vaya un enredo!
y un enredo sin motivo.
Aunque también fue locura,
por más que diga mi tío,
poner bajo el mismo techo,   1.385
casi en contacto continuo,
a una niña como un sol,
y a Ernesto, que es guapo chico,
con un alma toda fuego,
y dado al romanticismo.   1.390
El perjura que no hay nada,
que es un afecto purísimo,
que como hermano la quiere,
y que es su padre mi tío;
pero yo, que soy muy zorro,   1.395
y aunque joven he visto
muchas cosas en el mundo,
de hermanazgos no me fío [47],
cuando los hermanos son
tan jóvenes y postizos.   1.400
Mas supongamos que sea,
como dicen, su cariño:
la gente ¿qué entiende de eso?
¿Qué obligación han suscrito

---

[47] Pepito no cree que pueda existir relación de hermanos entre Ernesto y Teodora.

para pensar bien de nadie?   1.405
¿No los ven siempre juntitos
en el teatro, en el paseo,
a veces en el Retiro?
Pues el que los vio, los vio,
y como los vio, lo dijo.   1.410
«*Que no*», me juraba Ernesto,
que «*casi nunca*» han salido
de ese modo. ¿Fue una vez?
Pues basta. Si les han visto
cien personas ese día,   1.415
es para el caso lo mismo,
que haberse mostrado en público
no en un día, en cien distintos.
Señor, ¿ha de hacer la gente
información de testigos,   1.420
y confrontación de fechas,
para averiguar si han sido
muchas veces o una sola,
cuando pasearon juntitos
su simpatía purísima   1.425
y su fraternal cariño?
Esto ni es serio, ni es justo,
y además fuera ridículo.
Lo que vieron dicen todos
y no mienten al decirlo.   1.430
Les vi una vez. —Otra yo.
Una y una, dos, de fijo.
Y yo también. —Ya son tres,
y ése cuatro y aquél cinco.
Y de buena fe sumando   1.435
se llega hasta lo infinito.
Y vieron, porque miraron,
y en fin porque los sentidos
son para usados a tiempo,

sin pensar en el vecino.   1.440
Que él se ocupe de lo suyo,
y recuerde, que en el siglo,
el que quita la ocasión,
quita calumnia y peligro.
(Pequeña pausa.)
Y cuidado que concedo   1.445
la pureza del cariño,
y éste es asunto muy grave,
porque a mis solas cavilo,
que estar cerca de Teodora
y no amarla, es ser un risco.   1.450
El será sabio, y filósofo,
y matemático, y físico,
pero tiene cuerpo humano [48],
y la otra cuerpo divino,
y basta *corpo di baco* [49],   1.455
para cuerpo de delito.
¡Si estas paredes hablasen!
¡Si los pensamientos íntimos
de Ernesto, forma tangible
tomasen, aquí esparcidos!...   1.460
Vamos a ver, por ejemplo,
aquel marco está vacío,
y en el otro don Julián
luce su semblante típico.
Antes estaba Teodora   1.465
pendant [50] haciendo a mi tío,
¿por qué su fotografía
habrá desaparecido?
¿Para evitar tentaciones?

---

[48] Comienza un juego de palabras con *cuerpo*.
[49] Juramento en italiano: ¡Por el cuerpo de Baco!
[50] Francés: *faire pendant:* hacer pareja con.

(Sentándose junto a la mesa.)
Si ésta es la causa, ¡malísimo!   1.470
Y peor si dejó el cuadro
para mejorar de sitio,
y cerca del corazón
buscar misterioso abrigo.
Vamos a ver: ¡acusad,   1.475
de la sospecha, diablillos,
que flotáis por el espacio
tejiendo invisibles hilos!
¡Acusad sin compasión
a ese filósofo místico!   1.480
(Mirando a la mesa y observando el Infierno del Dante.)
Y ésta es otra: ni una vez
a ver a Ernesto he venido,
que en su mesa no encontrase
abierto este hermoso libro.
Dante: *Divina Comedia, (Leyendo.)*   1.485
su poema favorito.
Y no pasa del pasaje *(Mirando otra vez.)*
de Francesca, por lo visto.
Tiene dos explicaciones
el caso; ya lo concibo.   1.490
O que Ernesto no lee nunca,
o que siempre lee lo mismo.
Pero aquí noto una mancha,
como si hubiese caído
una lágrima, ¡Señor   1.495
qué misterios y qué abismos!
¡Y qué difícil es ser
casado y vivir tranquilo!
¿Un papel hecho ceniza?...
(Recogiéndolo de la mesa o del suelo.)
No, que aún queda algún vestigio.   1.500
(Se levanta y se acerca al balcón procurando leer en

el pedazo de papel. En este momento entra Ernesto y se detiene observándole.)

ESCENA V

PEPITO, ERNESTO

ERNESTO

¿Qué estás mirando?

PEPITO

¡Hola, Ernesto!
Pues... un papel que flotaba...
el aire se lo llevaba...

ERNESTO

(Tomándolo y devolviéndolo después de un instante de observación.)
No recuerdo lo que es esto.

PEPITO

Eran versos. Tú sabrás.   1.505
(Leyendo, pero con dificultad.)
«El fuego que me devora.»
(Aparte.) Pues, consonante a Teodora.

ERNESTO

Cualquier cosa.

PEPITO

(Desistiendo de leer.) Y nada más.

ERNESTO

Nuestra vida simboliza
ese papel sin valor: 1.510
unos gritos de dolor,
y unos copos de ceniza.

PEPITO

¿Pero fueron versos?

ERNESTO

        Sí.
A veces no sé qué hacer:
dejo la pluma correr...   1.515
y anoche los escribí.

PEPITO

Y para ayudar al estro,
y ponerte en situación,
¿buscabas inspiración
en el libro del maestro?   1.520

ERNESTO

Me parece...

PEPITO

        No hay que hablar...
es una obra gigantesca.
Episodio de Francesca. *(Señalando el libro.)*

ERNESTO

(Con ironía e impaciencia.)
Hoy estás para acertar.

No en todo ¡por Belcebú!   1.525
Ahí mismo, donde está abierto,
algo dice, que no acierto,
y que has de explicarme tú.
Leyendo un libro de amor,
por pasatiempo tan solo,   1.530
diz [51] que Francesca y Paolo
llegaron donde el autor
gallardamente celebra,
demostrando no ser zote,
amores de Lanzarote,   1.535
y de la reina Ginebra. [52]
Tal fuego, para tal roca:
trajo un beso el libro aquel,
y un beso le dio el doncel,
loco de amor en la boca.   1.540
Y en tal punto y ocasión,
el poeta florentino,
con acento peregrino,
y sublime concisión,
dice, lo que aquí hallarás,   1.545
(Señalando el libro.)
y lo que yo no alcancé:
que Galeoto el libro fue,
y que no leyeron más. [53]
¿No leyeron? Entendido,
y no está mi duda ahí.   1.550
Pero ese Galeoto, di,
¿por qué sale y quién ha sido?

---

[51] *Dicen.*

[52] Episodio de Paolo y Francesca de *La Divina Comedia,* comentado en la Introducción.

[53] «Galeotto fu il libro e chi lo scrisse;/ Quel giorno più non vi leggemmo avante» *Inferno,* V, vv. 137-38.

Y tú lo debes saber,
es el título del drama
(Señalando unos papeles que se supone que son el drama.)
que escribiste y tanta fama   1.555
te ha de dar. Vamos a ver.
(Coge el drama y lo examina.)

ERNESTO

De la reina y Lanzarote
fue Galeoto el medianero,
y en amores, *el tercero,*
puede llamarse por mote,   1.560
y con verdad, *el Galeoto;*
sobre todo si se quiere
evitar nombre que hiere,
y con él un alboroto.

PEPITO

Bueno, justo, lo concibo   1.565
¿pero no hay en castellano
nombre propio y a la mano?

ERNESTO

Muy propio y muy expresivo.
Este oficio que en doblones
convierte las liviandades,   1.570
y concierta voluntades,
y se nutre de aficiones,
nombre tiene y yo lo sé.
Pero es ponerme en un brete
hacer que diga... [54] y concrete   1.575

---

[54] *Alcahuete,* rima perfectamente con *brete* y *concrete.*

(Señalando el drama.)
lo que al cabo no diré.
(Le arranca el drama y lo arroja sobre la mesa.)
En cada caso especial,
uno especial también noto;
pero a veces es Galeoto
toda la masa social.   1.580
Obra entonces sin conciencia
de que ejerce tal oficio,
por influjos de otro vicio
de muy distinta apariencia;
pero tal maña se da   1.585
en vencer honra y pudor,
que otro Galeoto mayor,
ni se ha visto, ni verá.
Un hombre y una mujer
viven felices y en calma,   1.590
cumpliendo con toda el alma
uno y otro su deber.
¡Nadie repara en los dos,
y va todo a maravilla;
pero esto en la heroica villa   1.595
dura poco, vive Dios!
Porque ocurre una mañana,
que les miran al semblante,
y ya desde aquel instante,
o por terca, o por villana,   1.600
se empeña la sociedad,
sin motivo y sin objeto,
en que ocultan un secreto
de impureza y liviandad.
Y ya está dicho y juzgado: 1.605
no hay razón que les convenza,
ni hombre existe que les venza,
ni honra tiene el más honrado.

Y es lo horrible de esta acción,
que razón, al empezar,   1.610
no tienen, y al acabar,
acaso tienen razón.
¡Porque atmósfera tan densa
a los míseros circunda,
tal torrente los inunda,   1.615
y es la presión tan intensa,
que se acercan sin sentir,
y se ligan sin querer,
se confunden al caer,
y se adoran al morir! [55]   1.620
El mundo ha sido el ariete
que virtudes arruinó;
él la infamia preparó;
fue Galeoto y... *(Aparte.)* ¡Vete, vete,
pensamiento de Satán,   1.625
que tu fuego me devora!

PEPITO

(Aparte.) Si discurre así Teodora,
¡Dios proteja a don Julián!
(En voz alta.) ¿Y acaso sobre ese tema
fueron los versos de anoche?   1.630

ERNESTO

Ciertamente.

PEPITO

                    ¡Qué derroche
su tiempo con esa flema,

---

[55] Brett notó que *La bola de nieve* de Tamayo y Baus presenta el mismo
argumento.

y que esté... así... tan sereno...
sin ocuparse de nada,
quien ha de cruzar su espada   1.635
muy pronto sobre el terreno
con Nebreda, que en rigor,
con un florete en la mano
es mucho hombre! ¿No es más sano,
y no te fuera mejor,   1.640
preparar un golpe recto,
o una parada en tercera[56],
que exprimirte la mollera
sobre tal verso incorrecto,
o sobre tal consonante   1.645
declarado en rebeldía?
¿Con toda tu sangre fría
no piensas que estar delante
del Vizconde es serio?

ERNESTO

No.
Y en buena razón me fundo.   1.650
Si le mato, gana el mundo;
si me mata, gano yo.

PEPITO

¡Bueno! Mejor es así.

ERNESTO

No hablemos más del asunto.

---

[56] En la esgrima, tipo de quite o movimiento para evitar un tajo o estocada.

PEPITO

(Aparte.) Ahora con maña pregunto...   1.655
¿Y es hoy mismo?
(Acercándose a él y en voz más baja.)

ERNESTO

Hoy mismo, sí.

PEPITO

¿Vais a las afueras?

ERNESTO

No.
No era posible a tal hora.
Un lance que nadie ignora...

PEPITO

¿En alguna casa?

ERNESTO

Yo   1.660
lo propuse.

PEPITO

¿Dónde?

ERNESTO

Arriba.
(Todo esto con frialdad e indiferencia.)
Un cuarto desalquilado:
gran salón, luz de costado...

Sin que nadie lo perciba,
mejor sitio que da un cerro   1.665
para el caso que se trata,
nos da un puñado de plata.

PEPITO

¿Y ya sólo falta?...

ERNESTO

¡Hierro!

PEPITO

Hablan fuera... gente viene...
(Acercándose al fondo.)
¿Los padrinos? *(A Ernesto.)*

ERNESTO

Podrá ser.   1.670

PEPITO

Parece voz de mujer...
(Asomándose a la puerta.)

ERNESTO

Pero ¿por qué les detiene?..
(Acercándose también.)

ESCENA VI

ERNESTO, PEPITO, CRIADO

CRIADO

(Con cierto misterio.)
Preguntan por el señor.

172

PEPITO

¿Quién pregunta?

CRIADO

Una señora.

ERNESTO

Es extraño.

PEPITO

¿Pide? *(En voz baja al criado.)*

CRIADO

(Lo mismo a Pepito.) Llora.   1.675

PEPITO

¿Es joven? *(En voz alta.)*

CRIADO

          Pues en rigor,
yo no lo puedo decir;
la antesala es muy oscura,
y la señora procura
de tal manera cubrir   1.680
la cara, que el percibirla
ya es empresa y ya es trabajo;
y habla tan bajo, tan bajo,
que no hay manera de oírla.

ERNESTO

¿Quién será?

PEPITO

Quien quiere verte.   1.685

ERNESTO

No adivino...

PEPITO

(Aparte.) Está perplejo.
Oye, a tus anchas te dejo;
un abrazo y buena suerte.
(Dándole un abrazo y tomando el sombrero.)
¿Qué esperas, bobalicón? *(Al criado.)*

CRIADO

Que mande el señor que pase.   1.690

PEPITO

En asuntos de esta clase
se adivina la intención.
Y después, hasta el momento
en que salga la tapada,
no abras la puerta por nada,   1.695
aunque se hunda el firmamento.

CRIADO

¿Conque la[57] digo que sí?

ERNESTO

Bueno. Adiós.
(A Pepito, que está ya en la puerta.)

―――――――――
[57] Laísmo.

PEPITO

Adiós, Ernesto.
(Salen él y el Criado por el fondo.)

ERNESTO

¿Una dama?... ¿Qué pretexto?...
¿O qué razón?
*Pausa, en este momento se presenta en la puerta del fondo, y
en ella se detiene, cubriéndose con un velo, Teodora.)*
                    Ya está aquí.   1.700

ESCENA VII

TEODORA, ERNESTO. *Ella en el fondo, sin atre-
verse a avanzar; él en primer término volviéndose hacia
ella.*

ERNESTO

Usté [58] hablarme deseó;
si usted se digna, señora...
(Invitándola a que pase.)

TEODORA

Perdón, Ernesto. *(Levantando el velo.)*

ERNESTO

¡Teodora!

TEODORA

Hago mal, ¿no es cierto?

_____
[58] De acuerdo con Rodríguez.

175

(Cortado y baibuciente.) Yo...
no lo sé... porque yo ignoro...   1.705
honra tal a qué debí...
Pero, ¿qué digo? ¡Ay de mí!...
¡Si en mi casa su decoro
ha de hallar respeto tal...
que ya más no pueda ser! *(Con exaltación.)*   1.710
¿Por qué, señora, temer,
que en ello pueda haber mal?

TEODORA

Por nada... y un tiempo ha sido,
¡que para siempre ha pasado!
en que, ni hubiera dudado,   1.715
ni hubiera, Ernesto, temido;
en que cruzara un salón
cualquiera, de usted cogida,
sin la frente enrojecida,
sin miedo en el corazón;   1.720
en que al partirse de aquí...
como dicen que mañana,
a la tierra americana,
parte usted... yo misma... sí...
como aquéllos que se van...   1.725
acaso no han de volver...
como es tan triste perder...
un amigo... ante Julián...
ante el mundo... conmovida...
pero sin otro cuidado...   1.730
yo misma... le hubiera dado...
¡los brazos por despedida!

ERNESTO

(Hace un movimiento, y luego se detiene.)
¡Ah, Teodora!...

TEODORA

Pero ahora...
presumo que no es lo mismo.
Hay entre·ambos un abismo.   1.735

ERNESTO

Tiene usted razón, señora.
Ya no podemos querernos,
ni siquiera como hermanos;
ya se manchan nuestras manos,
si se aproximan al vernos.   1.740
Lo que ha sido ya se fue;
es necesario vencerse;
es preciso aborrecerse.

TEODORA

(Con ingenuidad y angustia.)
¡Aborrecernos! ¿Por qué?

ERNESTO

¡Yo aborrecerla! ¿Tal dije?   1.745
¿A usted, pobre niña?

TEODORA
Sí.

ERNESTO

No haga usted caso de mí;
y si la ocasión lo exige,

y mi vida ha menester,
mi vida, Teodora, pida,   1.750
que dar por usted la vida
será... *(Con pasión.)*
(Transición: conteniéndose y cambiando de tono.)
        cumplir un deber.
(Pequeña pausa.)
¡Aborrecer! Si mis labios
dijeron palabra tal,
fue que pensaba en el mal,   1.755
que pensaba en los agravios
que sin querer hice yo
a quien tanto bien me hacía.
Usted, Teodora, debía
aborrecerme; yo... no.   1.760

                        TEODORA

(Con tristeza.) Mucho me han hecho llorar;
razón tiene usted en esto;
(Con mucha dulzura.)
pero a usted... a usted, Ernesto,
yo no le puedo acusar.
Ni pensando sin pasión   1.765
hay nadie que le condene;
porque usted ¿qué culpa tiene
de tanta murmuración?
¿Ni del ponzoñoso afán
que muestra ese mundo impío,   1.770
ni del carácter sombrío
de nuestro pobre Julián?
De su enojo, que es dolor,
de su acento que me hiere,
¡de la pena con que muere,   1.775
porque duda de mi amor!

ERNESTO

¡Eso es lo que no concibo,
y en él, aún menos que en otro;
lo que me pone en un potro;
lo que juro por Dios vivo,   1.780
que no es digno de merced,
ni hay pretexto que lo escude:
que exista un hombre que dude
de una mujer como usted.
(Con profunda ira.)

TEODORA

¡Bien paga su duda fiera   1.785
mi Julián!

ERNESTO

*(Espantado de haber acusado a D. Julián delante de
Teodora.)*
          ¡Qué dije yo!
¿Yo acusarle?... ¡No!... Dudó,
*(Apresurándose para disculpar a D. Julián y para borrar el
efecto de lo que dijo.)*
como dudara cualquiera;
como duda quien adora;
si no hay cariño sin celos.   1.790
¡Hasta del Dios de los cielos
hay quienes dudan, Teodora!
Es natural[59] egoísmo:
es que el dueño de un tesoro,
guarda su oro porque es oro,   1.795
y teme por él. Yo mismo,

---

[59] En Rodríguez: *terrenal.*

si por arte sobrehumano
consiguiera hacerla mía,
¡dudaría!... ¡Dudaría...
hasta de mi propio hermano!   1.800
*(Con creciente exaltación; de repente se detiene al observar
que otra vez, y por distinto lado, va a caer en el mismo
abismo de que antes huyó. Teodora en este mismo instante oye
voces hacia la puerta del fondo y se dirige a ella.)*
(Aparte.) ¿Adónde vas, corazón?
¿Qué hay en tu seno profundo?
¡Dices que calumnia el mundo,
y tú le das la razón!

TEODORA

Escuche usted... gente viene...   1.805

ERNESTO

Las dos apenas...
(Acercándose al fondo.) ¿Serán?...

TEODORA

(Con cierto terror.)
¡Esa es la voz de Julián!...
¡Entrará!...

ERNESTO

No... se detiene...

TEODORA

(Lo mismo, como preguntando a Ernesto.)
Si es Julián...
*(Hace un movimiento para dirigirse a la puerta de la
derecha; Ernesto la detiene respetuosa pero enérgicamente.)*

ERNESTO

     Si es él, aquí
nuestra lealtad nos escuda.   1.810
Si es... esa gente que duda,
entonces, Teodora, allí.
(Señalando la puerta de la derecha.)
Nada... nada... *(Escuchando.)*

TEODORA

          ¡El corazón
me salta!

ERNESTO

     No hay que dudar;
marchóse quien quiso entrar,   1.815
o todo fue una ilusión.
(Viniendo al primer término.)
Por Dios, Teodora...

TEODORA

    (Lo mismo.) Tenía
que hablar con usted, Ernesto,
y el tiempo pasa tan presto...

ERNESTO

¡Vuela el tiempo!

TEODORA

      Y bien, decía...   1.820

ERNESTO

Teodora... perdón le pido;
pero... acaso no es prudente...

si llegase gente... y gente
debe llegar...

TEODORA

He venido
precisamente por eso...   1.825
para evitarlo.

ERNESTO

¿De modo?...

TEODORA

De modo que lo sé todo,
y que me horroriza el peso
de esa sangre que por mí
quieren ustedes verter;
la siento en mi frente arder,   1.830
¡la siento agolparse aquí!
(Oprimiéndose el pecho.)

ERNESTO

¡Por qué afrentada se esconde,
afrentada y encendida,
hasta que arranque la vida   1.835
yo por mi mano al Vizconde!
¿Lodo quiso? ¡Tendrá lodo
de sangre!

TEODORA

(Con espanto.) ¿Su muerte?

ERNESTO

Sí. (Reprimiendo un movimiento de súplica de Teodora.)
Usted dispone de mí,

conmigo lo puede todo,   1.840
todo, con una excepción:
¡la de lograr que yo sienta,
recordando aquella afrenta,
por Nebreda compasión!

TEODORA

(Con acento lloroso y suplicante.)
¿Y por mí?

ERNESTO

¿Por usted?

TEODORA

Sí;   1.845
¡será el escándalo horrible!

ERNESTO

Es posible.

TEODORA

¿Qué es posible?
¡Y lo dice usted así,
sin procurar evitarlo,
cuando yo misma intercedo!   1.850

ERNESTO

Evitarlo yo no puedo,
pero puedo castigarlo.
Esto pienso, y esto digo,
y esto corre de mi cuenta:

otros buscaron la afrenta,   1.855
pues yo buscaré el castigo.

TEODORA

(*Acercándose a él, y en voz baja, como temiendo oírse a sí
misma.*)
¿Y Julián?

ERNESTO

¿Julián? ¿Y bien?

TEODORA

¡Si lo sabe!...

ERNESTO

Lo sabrá.

TEODORA

¿Y qué dirá?

ERNESTO

¿Qué dirá?

TEODORA

¿Qué en mi defensa... que quién...   1.860
pudo mostrar su valor...
sino mi esposo... que me ama?

ERNESTO

¿En defensa de una dama?
Cualquiera que tenga honor.

Sin conocerla; sin ser   1.865
pariente, amigo, ni amante;
con escuchar es bastante
que insultan a una mujer.
¿Que por qué a ese duelo voy?
¿Que por qué la defendí?   1.870
Porque la calumnia oí
¡y porque yo soy quien soy!
¿Quién hay que defensas tase,
ni tal derecho repese?
¿No estaba yo? ¡Pues quien fuese   1.875
el primero que llegase!

TEODORA

*(Que le ha oído atentamente y como dominada por el acento
enérgico de Ernesto, se acerca a él y le estrecha la mano con
efusión.)*
¡Eso es noble y es honrado
y es digno de usted, Ernesto!
*(Se detiene, se aleja de Ernesto, y dice tristemente lo que
sigue.)*
Pero mi Julián con esto,
Ernesto, queda humillado.   1.880
(Con profunda convicción.)

ERNESTO

¿Él humillado?

TEODORA

Sí, a fe.

ERNESTO

¿Por qué razón?

TEODORA

Sin razón.

ERNESTO

¿Quién lo dirá?

TEODORA

La opinión
de todos.

ERNESTO

Pero, ¿por qué?

TEODORA

Cuando llegue hasta la gente   1.885
que un insulto he recibido,
y que mi esposo no ha sido
quien ha dado al insolente
su castigo... y además
(Bajando la voz y la cabeza, y huyendo la mirada de Ernesto.)
que usted su puesto ha tomado,   1.890
sobre el escándalo dado,
habrá otro escándalo más.

ERNESTO

(Convencido, pero protestando.)
Si en lo que hayan de decir
hay que pensar para todo,
¡vive Dios que ya no hay modo   1.895
ni manera de vivir!

TEODORA

Pero es como digo yo.

ERNESTO

Es así; pero es horrible.

TEODORA

¡Pues ceda usted!

ERNESTO

Imposible.

TEODORA

¡Yo se lo suplico!

ERNESTO

No.   1.900
Y bien mirado, Teodora,
más vale que ante Nebreda,
suceda lo que suceda,
que lo que ha de ser se ignora,
acuda yo; porque al fin,   1.905
a ese Vizconde malvado,
lo que le falta de honrado,
le sobra de espadachín.

TEODORA

(Algo herida de la especie de protección, un tanto humillante, que Ernesto dispensa a D. Julián.)
Corazón tiene también
mi esposo.

ERNESTO

¡Suerte fatal!...   1.910
O yo me explico muy mal,
o usted no me entiende bien.
Yo conozco su valor,
pero entre hombres de coraje,
cuando hay un sangriento ultraje   1.915
a la fama o al honor,
no se puede adivinar
lo que puede suceder,
ni quién llegará a caer,
ni quién logrará matar.   1.920
Y si ese hombre, en conclusión,
vence en el lance funesto,
entre don Julián y Ernesto
no es dudosa la elección.
(Con sinceridad, pero con tristeza.)

TEODORA

(Con verdadera angustia.)
¿Usted?... ¡Eso no!... ¡Tampoco!   1.925

ERNESTO

¿Por qué? Si es ésa mi suerte...
Nadie pierde con mi muerte,
y yo mismo pierdo poco.

TEODORA

(Casi sin poder contener el llanto.)
¡No diga usté eso por Dios!...

ERNESTO

Pues ¿qué dejo yo en el mundo?   1.930
¿Qué amistad, qué amor profundo?

¿Qué mujer seguirá en pos
de mi cadáver, llorando
con llanto de enamorada?

TEODORA

(Sin poder contener las lágrimas.)
Toda la noche pasada...   1.935
por usté estuve rezando...
y dice usted que ninguno...
¡Yo no quiero que usted muera!
(Con explosión.)

ERNESTO

¡Ah!... ¡Se reza por cualquiera!
¡Sólo se llora por uno! *(Con pasión.)*   1.940

TEODORA

¡Ernesto!... *(Con extrañeza.)*

ERNESTO

(Asustado de sus propias frases.)
                    ¿Qué?

TEODORA

(Separándose de él.) Nada...

ERNESTO

*(Con timidez, bajando la cabeza y huyendo también de
Teodora.)*
                    Sí...
si ya le dije hace rato
que yo no soy un insensato;

no haga usted caso de mí.
(Pausa; quedan silenciosamente pensativos, lejos uno de otro y sin osar mirarse.)

TEODORA

¡Otra vez! *(Señalando hacia el fondo.)*
(Siguiendo el movimiento de Teodora.)

ERNESTO

¡Gente ha venido!...   1.945

TEODORA

(Acercándose al fondo y prestando oído.)
Y quieren entrar...

ERNESTO

(Lo mismo.) No hay duda.
¡Allí, Teodora!... *(Señalándole el cuarto.)*

TEODORA

¡Me escuda
mi honor!

ERNESTO

Si no es su marido.

TEODORA

¡No es Julián!

ERNESTO

No.
(Llevándola a la derecha.)

190

TEODORA

Yo esperaba...
(Deteniéndose junto a la puerta y suplicante.)
Renuncie usted a ese duelo.   1.950

ERNESTO

Si he llegado ¡vive el cielo!
a su rostro... [60]

TEODORA

¡Lo ignoraba!...
(Con desesperación, pero comprendiendo que todo arreglo es imposible.)
¡Pues huya usted!

ERNESTO

¡Que huya yo!

TEODORA

¡Por mí! ¡Por él! ¡Por Dios vivo!   1.955

ERNESTO

Odiarme... sí... ¡lo concibo!
¡Pero despreciarme!... ¡No!
(Con desesperación.)

TEODORA

Una palabra no más.
¿Vienen por usted?

---

[60] Hace inevitable el duelo en el que Ernesto le hubiera dado bofetada a Nebreda.

ERNESTO

No es hora.

TEODORA

¿Lo jura usted?

ERNESTO

Sí, Teodora.
¿Me aborrece usted?

TEODORA

¡Jamás!   1.960

PEPITO

(Desde fuera.) Nada... ¡verle necesito!...

ERNESTO

¡Pronto!

TEODORA

Sí. *(Entra por la derecha.)*

PEPITO

¿Quién se me opone?

ERNESTO

¡Ah! La calumnia se impone
y hace verdad el delito.

Ernesto, Pepito. *Éste por el fondo, sin sombrero
y profundamente agitado.*

Pepito

¡Vete al infierno!... Entraré   1.965
¡Ernesto!... ¡Ernesto!...

Ernesto

¿Qué pasa?

Pepito

Yo no sé cómo decirlo...
y es necesario...

Ernesto

Pues habla.

Pepito

¡La cabeza me da vueltas!
¡Jesús! ¡Jesús! ¡Quién pensara!   1.970

Ernesto

Pronto y claro, ¿qué sucede?

Pepito

¿Qué sucede? ¡Una desgracia!
Supo don Julián el[61] duelo; *(Muy rápido.)*

---

[61] Rodríguez: *del.*

vino a buscarte, no estabas;
se fue a ver a tus padrinos,   1.975
y todos juntos a casa
del Vizconde.

ERNESTO

¿De Nebreda?
¿Pero cómo?

PEPITO

¡Vaya en gracia!
Como quiso don Julián,
que era tromba que arrastraba   1.980
voluntades, conveniencias...
todo, todo...

ERNESTO

¡Sigue, acaba!

PEPITO

(Separándose de Ernesto y acercándose al fondo.)
Ya suben...

ERNESTO

¿Quiénes?

PEPITO

Pues ellos...
Le traen en brazos... *(Asomándose.)*

ERNESTO

¡Me espanta
lo que dices!... ¡Sigue!... ¡Pronto!...
(Cogiéndole con violencia y trayéndole al primer término.)

PEPITO

Le obligó a batirse; nada,   1.985
no hubo medio; y el Vizconde
dijo, «Pues los dos», y a casa;
a la tuya... Don Julián
sube; tu fámulo atranca
la puerta y jura que tú   1.990
con una señora estabas
y que no entra nadie, nadie.

ERNESTO

¿Y entonces?

PEPITO

                Don Julián baja
diciendo: «Mejor, a mí
por entero la jornada.»   1.995
Y él, Nebreda, los padrinos,
mi padre, y yo que llegaba,
arriba todos... ya sabes...

ERNESTO

¿Y se han batido?

PEPITO

                ¡Con rabia!
¡Con furor! Como dos hombres   2.000
que van buscando con ansia
un corazón que aborrecen
tras la punta de una espada.

ERNESTO

¿Y don Julián?... ¡No!... ¡Mentira!

PEPITO

Ya están aquí.

ERNESTO

¡Calla! ¡Calla!   2.005
¡Di quién es!... ¡Y dilo bajo!

PEPITO

Por acá.
*(Se presentan en el fondo D. Julián, D. Severo y Rueda.
Traen a D. Julián mal herido entre los otros dos. El orden de
izquierda a derecha es: Severo, Julián, Rueda.)*

ERNESTO

¡Jesús me valga!

ESCENA IX

ERNESTO, DON JULIÁN, DON SEVERO, PEPITO, RUEDA

ERNESTO

¡Don Julián!... ¡Mi bienhechor!
¡Mi amigo!... ¡Mi padre!
(Precipitándose a su encuentro llorando.)

DON JULIÁN

(Con voz débil.) Ernesto...

ERNESTO

¡Maldito yo!

196

DON SEVERO

Vamos presto.   2.010

ERNESTO

¡Padre!

DON SEVERO

¡Le vence el dolor!

ERNESTO

¡Por mí!

DON JULIÁN

No es cierto...

ERNESTO

¡Por mí!...
¡Perdón!
(Cogiéndole la mano a D. Julián por el lado de la derecha, y arrodillándose o inclinándose.)

DON JULIÁN

No lo has menester.
Cumpliste con tu deber;
yo con mi deber cumplí.   2.015

DON SEVERO

¡Un lecho!
(Suelta a D. Julián; le sustituye Pepito.)

PEPITO

(Señalando la puerta a la derecha.)
¡Vamos a entrar!

ERNESTO

¡Nebreda!... *(Con acento terrible.)*

DON SEVERO

No más locura,
¿o es que quieres por ventura
acabarlo de matar?

ERNESTO

¡Locura!... ¡Veremos!... ¡Oh! *(Frenético.)*   2.020
¡Vengan dos... es mi derecho!
(Precipitándose hacia el fondo.)

DON SEVERO

(Dirigiéndose a la derecha.)
A tu alcoba y en tu lecho...
(Ernesto, que ya estaba en el fondo, se detiene espantado.)

ERNESTO

¿Adónde?

DON SEVERO

Adentro.

PEPITO

¡Sí!

ERNESTO

¡No!
(Se precipita y cubre la puerta con su cuerpo. El grupo que conduce a D. Julián, casi desfallecido, se detiene mostrando asombro.)

DON SEVERO

¿Tú le niegas?

PEPITO

¡Estás loco!

DON SEVERO

¡Aparta!... ¿No ves?... ¡Se muere!   2.025

DON JULIÁN

¡Pero qué dice!... ¡No quiere!
(Incorporándose y mirando con mezcla de asombro y espanto a Ernesto.)

RUEDA

¡No comprendo!

PEPITO

¡Yo tampoco!

ERNESTO

¡Está muriendo!... ¡Y me implora!...
¡Y duda!... ¡Padre!....

DON SEVERO

¡Ha de ser!
(Por encima del hombro de Ernesto empuja la puerta; Teodora se presenta.)

ERNESTO

¡Jesús!

DON SEVERO, PEPITO

¡Ella!

RUEDA

¡Una mujer!

TEODORA

(Precipitándose sobre él y abrazándole.)
¡Mi Julián!

DON JULIÁN

(Separándola para mirarla, y por un violento esfuerzo poniéndose en pie y desprendiéndose de todos.)
¿Quién es? ¡Teodora!   2.030
(Cae sin sentido en tierra.)

FIN DEL ACTO SEGUNDO

ACTO TERCERO

*La misma decoración del primer acto; en vez del sofá una
butaca. Es de noche; un quinqué encendido sobre la mesa.*

ESCENA PRIMERA

PEPITO *escuchando en la puerta de la derecha,
segundo término; después viene al centro.*

PEPITO

Al fin la crisis pasó,
o al menos no se oye nada.
¡Pobre don Julián! Muy grave,
muy grave. De la balanza
está en el fiel su existencia;   2.035
a un lado la muerte aguarda,
y al otro otra muerte,
¡la del honor, la del alma!
Dos abismos más profundos
que un amor sin esperanza.   2.040
¡Diablo! ¡Que me voy volviendo,
con las tragedias de la casa,
más romántico que el otro
con sus coplas y sus dramas!
¡Qué! ¡Si tengo la cabeza   2.045

hecha toda un panorama
de escándalos, desafíos,
muertes, traiciones e infamias!
¡Jesús, qué día! ¡Y qué noche!
¡Y lo peor es lo que falta!   2.050
(Pequeña pausa.)
Vamos, que también ha sido
imprudencia temeraria,
en tal estado sacarle...
y traerle... ¡Pero vaya!...
¿Quién a mi tío se opone,   2.055
cuando entre las dos arcadas
poderosas de su cejas,
una idea se le graba?
Y hay que darle razón:
ninguna persona honrada   2.060
teniendo un soplo de vida,
en tal caso y en tal casa,
se hubiera quedado. Y él
es hombre de temple y alma.
¿Quién viene?... (Acercándose al fondo.)
        Mi madre. Sí.   2.065

ESCENA II

PEPITO, MERCEDES *por el fondo.*

MERCEDES

¿Y Severo?

PEPITO

      No se aparta
ni un momento de su hermano.

Mucho pensé que le amaba,
pero a tanto no creí
que su cariño llegara.   2.070
¡Si sucede lo que temo!...

MERCEDES

¿Y tu tío?

PEPITO

       Sufre y calla.
Algunas veces, «¡Teodora!»
dice con voz ronca y áspera;
«¡Ernesto!» dice otras veces,   2.075
y entre las manos la sábana
arruga. Después se queda
inmóvil como una estatua,
en el espacio vacío
fija tenaz la mirada,   2.080
y helado sudor de muerte
su frente copioso baña.
De pronto la calentura
vigor le presta: en la cama
se incorpora, escucha atento,   2.085
dice que *ella* y *él* le aguardan,
se arroja, quiere venir,
y sólo a fuerza de lágrimas
y de súplicas, mi padre
consigue calmar sus ansias.   2.090
¿Calmar? No. ¡Que por sus venas
lleva su sangre abrasada,
las iras del corazón,
del pensamiento las llamas!
Vamos, madre, que da angustia   2.095
ver la contracción amarga

de su boca; ver los dedos
crispados como dos garras;
y aquel cabello en desorden;
y aquellas pupilas anchas,   2.100
que parece que codician,
y beben desesperadas,
todas las sombras que flotan
alrededor de la estancia.

MERCEDES

¿Y tu padre al verle?...

PEPITO

                         ¡Gime,   2.105
y jura tomar venganza!
Y también dice «¡Teodora!»
y también «¡Ernesto!» clama.
¡Quiera Dios no los encuentre,
porque si los encontrara,   2.110
quién sus enojos disipa,
quién sus furores ataja!

MERCEDES

Tu padre es muy bueno.

PEPITO

                         Mucho.
Pero con un genio, ¡vaya!...

MERCEDES

Eso sí, muy pocas veces,   2.115
muy pocas veces se enfada;
pero como llegue el caso...

PEPITO

¡Es un tigre de Bengala!...
salvo el respeto debido.

MERCEDES

Siempre con razón sobrada.   2.120

PEPITO

No sé si siempre la tiene;
pero esta vez no le falta.
¿Y Teodora?

MERCEDES

Arriba queda.
Quiso bajar... ¡y lloraba!...
¡Una Magdalena!... [62]

PEPITO

¡Ya!   2.125
¿Arrepentida o liviana?

MERCEDES

No digas eso. ¡Infeliz!
¡Si es una niña!

PEPITO

Que mata,
inocente y candorosa,
dulce, purísima y mansa,   2.130

----

[62] Esta alusión refleja las suspicacias de Mercedes y de Pepito.

a don Julián. De manera
que si vale tu palabra,
y es una niña, y tal hace
casi al borde de la infancia,
deja a los años correr   2.135
y Dios nos tenga en su gracia.

MERCEDES

Ella casi no es culpable.
Tu amiguito, el de los dramas,
el poeta, el soñador...
¡el infame! fue la causa   2.140
de todo.

PEPITO

          Si no lo niego.

MERCEDES

¿Y por dónde anda?

PEPITO

               ¡Pues anda!...
Ernesto a estas horas corre
por las calles y las plazas,
huyendo de su conciencia   2.145
y sin poder evitarla.

MERCEDES

¿Pero la tiene?

PEPITO

          Es posible.

MERCEDES

¡Qué tristezas!

PEPITO

¡Qué desgracias!

MERCEDES

¡Qué desengaño!

PEPITO

¡Cruel!

MERCEDES

¡Qué traición!

PEPITO

¡De mano airada!   2.150

MERCEDES

¡Qué escándalo!

PEPITO

¡Sin igual!

MERCEDES

¡Pobre Julián!

PEPITO

¡Suerte aciaga!

ESCENA III

MERCEDES, PEPITO, CRIADO

CRIADO

Don Ernesto.

MERCEDES

¡Y él se atreve!...

PEPITO

¡Es osadía que pasma!

CRIADO

Yo pensé...

PEPITO

Pensaste mal.   2.155

CRIADO

Viene sólo de pasada.
Al cochero que traía,
le dijo: «Ya salgo, aguarda.»
De modo...

PEPITO

(Consultando a su madre.)
            ¿Qué hacer?

MERCEDES

            Que pase.
(Sale el criado.)

PEPITO

Yo le despido.

MERCEDES

Con maña.   2.160

ESCENA IV

MERCEDES, PEPITO, ERNESTO, *por el fondo.*
Mercedes sentada en la butaca; al otro lado, en pie,
Pepito; en segundo término Ernesto, sin que nadie se
vuelva a saludarle.

ERNESTO

(Aparte.)
¡Desdén, silencio hostil, asombro mudo!
¡Prodigio de maldad y de insolencia
seré desde hoy, sin culpa que me manche...
para todos!... ¡Que todos me desprecian!

PEPITO

Escucha, Ernesto.
(Volviéndose hacia él y con acento duro.)

ERNESTO

¿Qué?

PEPITO

(Lo mismo.) Quiero decirte...   2.165

ERNESTO

¿Que salga acaso?

PEPITO

(Cambiando de tono.) ¡Yo!... ¡Jesús, qué idea!...
Era... no más... que preguntar... si es cierto...
(Como buscando algo que decir.)
que después... Al Vizconde...

ERNESTO

(Con voz sombría y bajando la cabeza.)
Sí.

PEPITO

¿Tu diestra?

ERNESTO

Salí loco... bajaban... los detuve...
subimos otra vez... cierro la puerta...   2.170
dos hombres... dos testigos... dos espadas...
Después... no sé... dos hierros que se estrechan...
¡un grito!... ¡un golpe!... un ¡ay!... sangre que brota...
un asesino en pie... y un hombre en tierra.

PEPITO

¡Qué diablo! Tiras bien.[63] ¿Oye usted, madre? 2.175

MERCEDES

¡Más sangre aún!

---

[63] Es decir, manejas bien la espada.

PEPITO

Lo mereció Nebreda.

ERNESTO

(*Acercándose.*)
¡Mercedes, por piedad!... ¡Una palabra!
¿Don Julián?... ¿Don Julián?... ¡Si usted supiera
cuál es mi angustia... mi dolor!... ¿Qué dicen?

MERCEDES

Que la herida mortal dentro la lleva   2.180
y más se encona cuanto más al lecho
de muerte y de dolor usted se acerca.
Salga usted de esta casa.

ERNESTO

Quiero verle.

MERCEDES

Salga usted pronto.

ERNESTO

No.

PEPITO

¡Tal insolencia!...

ERNESTO

Es muy digna de mí. (*A Pepito.*)
(*A Mercedes con tono respetuoso.*)

Perdón, señora,   2.185
soy como quieren los demás que sea.

MERCEDES

¡Por Dios, Ernesto!...

ERNESTO

                    Mire usted, Mercedes,
cuando a un hombre cual yo se le atropella,
y sin razón se le declara infame,
y al crimen se le obliga y se le lleva,   2.190
la lucha es peligrosa... para todos;
pero no para mí, que en lucha fiera
con invisibles seres, he perdido
honra, cariño, amor, y no me resta
ya por perder más que jirones tristes   2.195
de insípida y monótona existencia.
Sólo vine a saber si hay esperanza...
¡No más! ¡No más!... Pues bien, ¿por qué me niegan
este consuelo?
(Suplicando a Mercedes.) ¡Una palabra!

MERCEDES

                    Vamos...
dicen... que está mejor.

ERNESTO

                    ¿Pero de veras?   2.200
¿No me engañan?... ¿Es cierto?... ¿Lo aseguran?
¡Usted es compasiva!... ¡Usted es buena!...
¿Será verdad?... ¿Será verdad, Dios mío?...
¡Que se salve, Señor!... ¡Que no se muera!
¡Que torne a ser feliz!... ¡Que me perdone!   2.205

212

¡Que me abrace otra vez!... ¡Que yo le vea!
*(Cae en el sillón próximo a la mesa, y oculta el rostro entre
las manos sollozando. Pausa.)*

MERCEDES

Si oye tu padre... si tu padre viene...
(Se levanta Mercedes, y ella y Pepito se acercan a Ernesto.)
¡Juicio!... ¡Valor!... *(A Ernesto.)*

PEPITO

        ¡Que un hombre llanto vierta!
(Aparte.) Estos seres nerviosos son terribles;
¡lloran y matan por igual manera!   2.210

ERNESTO

Si llanto vierto, si el sollozo acude
a mi garganta en convulsión histérica,
si débil soy, como mujer o niño,
no piensen que es por mí. ¡Por él! ¡Por ella!
Por su dicha perdida; por su nombre,   2.215
manchado para siempre; por la afrenta
que a cambio de su amor y beneficios
les dio... ¡no mi maldad! ¡mi suerte negra! [64]
¡Por eso lloro! ¡Y si el pasado triste
con lágrimas ¡ay Dios! borrar pudiera,   2.220
en lágrimas mi sangre trocaría
sin dejar una gota por mis venas!

MERCEDES

¡Silencio por piedad!

---

[64] Debe notarse la creciente insistencia en el tema de la fatalidad.

PEPITO

Luego más tarde
hablaremos de llantos y tristezas.

ERNESTO

Si todos hablan hoy, ¿por qué nosotros   2.225
no hemos de hablar también? La villa entera
es hervidero y torbellino móvil
que llama, absorbe, atrae, devora, anega
tres honras, y tres nombres, y tres seres,
y entre espumas de risa se los lleva,   2.230
por canalizos de miseria humana,
al abismo social de la vergüenza,
y en él hunde por siempre de los tristes
¡el porvenir, la fama y la conciencia!

MERCEDES

Más bajo Ernesto.

ERNESTO

No; si ya son voces,   2.235
si murmullos no son; ¡si el aire atruenan!
Ya nadie ignora el trágico suceso;
mas cada cual lo dice a su manera.
Todo se sabe siempre ¡gran prodigio!
mas nunca la verdad ¡suerte funesta!   2.240
(Ernesto en pie; a su lado, y mostrando interés por saber lo
que corre por la villa, Mercedes y Pepito.)
Los unos, que en mi casa sorprendida
Teodora por su esposo, yo con ciega
furia le arremetí, y al noble pecho
infame hierro le asestó mi diestra.
Los otros, mis amigos, por lo visto,   2.245

214

de asesino vulgar al fin me elevan
a más noble región; yo le di muerte,
pero en lucha leal... ¡un duelo en regla!
Hay, sin embargo, quien la historia sabe
con más exactitud, y *ése* ya cuenta,   2.250
que tomó don Julián mi vez y puesto
en el pactado lance con Nebreda.
¡Llegué tarde!... por cálculo o pavura,
o porque en brazos... ¡No! Mis labios quema
la frase impura, y mi cerebro loco   2.255
es todo llamas que volcán semejan.
Buscad lo que más mancha: lo más bajo,
lo más infame, lo que más subleva;
lodos del corazón, cienos del alma,
escoria vil de míseras conciencias.   2.260
¡Echadlo al viento, que las calles cruza,
con ello salpicad labios y lenguas,
y la historia tendréis de este suceso,
y encontraréis en ella lo que resta
de dos hombres de honor y de una dama   2.265
cuando sus honras por la villa ruedan!

MERCEDES

Es triste, no lo niego; pero acaso
no todo es culpa en la opinión ajena.

PEPITO

Fue Teodora a tu casa... en ella estaba...

ERNESTO

Para evitar el duelo con Nebreda.   2.270

PEPITO

¿Pues por qué se ocultó?

215

ERNESTO

Porque temimos
que fuese mal juzgada su presencia.

PEPITO

La explicación es fácil y sencilla;
lo difícil, Ernesto, es que la crean,
porque hay otra más fácil y más llana...   2.275

ERNESTO

¿Y qué deshonra más? ¡Y ésa es la buena!

PEPITO

Pues concede que al menos en Teodora
si malicia no fue... fue ligereza.

ERNESTO

¡El delito es prudente y cauteloso!
En cambio, ¡qué imprudente la inocencia!   2.280

PEPITO

Pues mira, sólo hay ángeles y santos
como apliques a todos esa regla.

ERNESTO

Pues bien, tienes razón: tales calumnias
¿qué importan, ni qué valen, ni qué pesan?
¡Lo horrible es que se mancha el pensamiento   2.285
al ruin contacto de la ruin idea!
¡Que a fuerza de pensar en el delito
llega a ser familiar a la conciencia!

Que se ve repugnante y espantoso...
¡pero se ve!... ¡de noche en la tiniebla!   2.290
¡Esto sí!
(*Aparte.*) ¿Pero qué?... ¿Por qué me escuchan
con curiosa mirada y faz suspensa?
(*En voz alta.*)
Yo soy quien soy; mi nombre es nombre honrado;
si sólo por mentir maté a Nebreda,
¿por trocar en verdades sus calumnias   2.295
yo, conmigo culpable, qué no hiciera?

PEPITO

¡Y negaba!... Si es claro. (*Aparte a Mercedes.*)

MERCEDES

(*Aparte a Pepito.*) Hay extravío.

PEPITO

Lo que hay en puridad es que confiesa. (*Aparte a
Mercedes.*)

MERCEDES

Retírese usté, Ernesto. (*En voz alta.*)

ERNESTO

No es posible.
Si yo esta noche lejos estuviera   2.300
de aquel lecho... señora, perdería
¡el juicio!... ¡la razón!...

MERCEDES

¿Pero si llega
Severo, y si le ve?

ERNESTO

¿Y qué me importa?
El es hombre leal... ¡Mejor! ¡Que venga!
Huye quien teme, y teme quien engaña;   2.305
y no es fácil que yo ni huya ni tema.

PEPITO

Pues se acercan. *(Después de escuchar.)*

MERCEDES

¡Es él!

PEPITO

(Yendo al fondo.) No es él. Teodora.

ERNESTO

¡Es Teodora!... ¡Teodora!... ¡Quiero verla!

MERCEDES

¡Ernesto! *(Con severidad.)*

PEPITO

¡Ernesto!

ERNESTO

Sí... para pedirle
que me perdone.

MERCEDES

¿Usted no considera?...   2.310

ERNESTO

Lo considero todo y lo comprendo.
¿Juntos los dos? ¡Ah! no. Basta, no teman.
¡Dar por ella mi sangre; dar mi vida,
mi porvenir, mi honor, y mi conciencia!...
Pero ¿vernos?... Jamás, ya no es posible.   2.315
¡Vapor de sangre entre los dos se eleva!
(Sale por la izquierda.)

ESCENA V

MERCEDES, PEPITO

MERCEDES

Déjame a solas con ella.
Vete con tu padre adentro.
Quiero llegar hasta el centro
de su corazón. Y mella   2.320
le han de hacer, lo sé de sobra,
mis palabras.

PEPITO

                Pues las dos
os quedáis.

MERCEDES

        Adiós.

PEPITO

        Adiós.
(Sale por la derecha, segundo término.)

MERCEDES

Pongamos mi plan por obra.

ESCENA VI

TEODORA, MERCEDES. *Teodora entra tímida-*
mente, se detiene junto a la puerta de D. Julián
(segundo término, derecha) y escucha con ansia ahogan-
do con el pañuelo sus sollozos.

MERCEDES

Teodora...

TEODORA

¿Eres tú?...
(Viniendo a su encuentro.)

MERCEDES

Valor.   2.325
Con llorar, ¿qué se consigue?

TEODORA

¿Cómo sigue?... ¿Cómo sigue?
¡La verdad!

MERCEDES

Mucho mejor.

TEODORA

¿Se salvará?

MERCEDES

Ya lo creo.

TEODORA

¡Mi vida por él, Dios mío!   2.330

MERCEDES

(La trae cariñosamente al primer término.)
Y después... después confío
en tu juicio... que harto veo
por tu llanto y tu ansiedad
tu arrepentimiento.

TEODORA

                    Sí;
(Mercedes asiente y parece satisfecha.)
hice muy mal ¡ay de mí!   2.335
en ir a verle; es verdad.
(Desagrado de Mercedes al ver que no es la clase de arrepentimiento que creía.)
Pero anoche me dijiste
lo del insulto y el duelo...
Yo te agradezco ese celo,
aunque el daño que me hiciste,   2.340
no lo puedes sospechar,
ni explicártelo sabría;
¡ay qué noche, madre mía!
(Cruzando las manos y mirando al cielo.)
¡Qué gemir!, ¡Qué delirar!
¡De mi Julián los enojos!...   2.345
¡El escándalo!... ¡La afrenta!...
¡La sangre!... ¡La lid violenta!...
¡Todo pasó ante mis ojos!

Y también el pobre Ernesto,
muriendo tal vez por mí...   2.350
¿Por qué me miras así?
¿Pero qué mal hay en esto?
¿Es que no estás convencida?
¿Piensas como los demás?

MERCEDES

(Con tono seco.) Pienso que estaba de más   2.355
que temieses por la vida
de ese joven.

TEODORA

            No; Nebreda
es famoso espadachín!
Ya ves... mi Julián...

MERCEDES

                    Al fin
tu Julián vengado queda,   2.360
y el espadachín tendido
de un golpe en el corazón;
de suerte que sin razón
(Con intención de dureza.)
has llorado y temido.

TEODORA

¿Y fue Ernesto?... *(Con interés.)*

MERCEDES

            Ernesto, sí.   2.365

TEODORA

¡Al Vizconde!

MERCEDES

Frente a frente.

TEODORA

(Sin poder dominarse.)
¡Ah! ¡Qué noble y qué valiente!

MERCEDES

¡Teodora!

TEODORA

¿Qué quieres? Di.

MERCEDES

(Con severidad.) Te adivino el pensamiento.

TEODORA

¿Mi pensamiento?

MERCEDES

Sí.

TEODORA

¿Cuál?   2.370

MERCEDES

¡Bien lo sabes!

TEODORA

Hice mal
al demostrar mi contento
por ver a Julián vengado;
mas del alma impulso ha sido
que refrenar no he podido.   2.375

MERCEDES

No es eso lo que has pensado.

TEODORA

¿Pero tú lo has de saber
mejor que yo misma?

MERCEDES

(Con profunda intención.) Mira,
cuando mucho el alma admira
va camino del querer.   2.380

TEODORA

¡Que yo admiro!

MERCEDES

                    La bravura
de ese mozo.

TEODORA

                ¡Su nobleza!

MERCEDES

Da lo mismo, así se empieza.

TEODORA

¡Eso es delirio!

MERCEDES

¡Es locura!
pero en ti.

TEODORA

¡No cede!... ¡No!...   2.385
¡Siempre esa idea maldita!...
¡Lástima inmensa, infinita!
Eso es lo que siento yo.

MERCEDES

¿Por quién?

TEODORA

¿Por quién ha de ser?
Por Julián.

MERCEDES

¿Nunca has oído   2.390
que van lástima y olvido
a la par en la mujer?

TEODORA

¡Calla por Dios!... ¡Por piedad!

MERCEDES

Quiero alumbrar tu conciencia
con la voz de mi experiencia   2.395
y la luz de la verdad. *(Pausa.)*

Te escucho, y al escucharte,
no mi madre, no mi hermana,
no mi amiga me parece;
tal me suenan tus palabras,   2.400
que Satanás por tus labios
aconseja, inspira y habla.
¿Por qué quieres convencerme
que mengua y mengua en el alma
el cariño de mi esposo,   2.405
y que en ella impuro se alza
otro cariño rival
con fuego que quema y mancha?
¡Si yo quiero como quise!
Si yo diera, hasta agotarla,
toda la sangre que corre
por mis venas y me abrasa,
por sólo un punto de vida
(Señalando hacia el cuarto de D. Julián.)
de aquél de quien me separan.
Si yo entraría ahora mismo,   2.415
si tu esposo me dejara,
y en mis brazos a Julián
inundándole de lágrimas,
con cariño tan entero
y tal pasión estrechara,   2.420
¡que se fundieran sus dudas
al calor de nuestras almas!
Y porque a Julián adore,
¿he de aborrecer ingrata
al que noble, generoso   2.425
por mí su vida arriesgaba?
¿Y no aborrecerle es ya...
amarle? ¡Jesús me valga!...
Tales cosas piensa el mundo,

oigo historias tan extrañas,   2.430
tan tristes sucesos miro,
tales calumnias me amagan,
que a veces dudo de mí,
y me pregunto espantada:
¿Seré lo que dicen todos?   2.435
¿Llevaré pasión bastarda
en el fondo de mi ser,
quemándome las entrañas,
y sin saberlo yo misma,
en hora triste y menguada,   2.440
por potencias y sentidos
brotará la infame llama?

MERCEDES

¿Luego me dices verdad?

TEODORA

¡Si digo verdad!

MERCEDES

¿No le amas?

TEODORA

¡Mira, Mercedes, que yo   2.445
no sé cómo te persuada!
¡Tal pregunta en otro tiempo
la sangre me sublevaba,
y ahora, ya lo ves, discuto
si soy o no soy honrada!   2.450
¿Es esto serlo de veras?
¿Es serlo con toda el alma?

¡No! ¡Sufrir la humillación
es ser digna de la mancha!...
*(Se oculta el rostro entre las manos y cae en la butaca de la
derecha.)*

MERCEDES

No llores; vamos, te creo.   2.455
No llores, Teodora... basta.
No más. Ya sólo te digo,
y concluyo, una palabra.
Ernesto no es lo que crees;
no merece tu confianza.   2.460

TEODORA

Es bueno, Mercedes.

MERCEDES

No.

TEODORA

Quiere a mi Julián.

MERCEDES

Le engaña.

TEODORA

¡Otra vez!... ¡Jesús mil veces!

MERCEDES

No digo que tú escucharas
su pasión; tan sólo digo...   2.465
digo tan solo, *que te ama.*

TEODORA

¿El a mí? *(Con asombro y levantándose.)*

MERCEDES

¡Lo saben todos!
Hace poco en esta sala,
delante de mí, de mi hijo...
¡ya ves tú!...

TEODORA

(Con ansia.) Y bien... acaba.   2.470
¿Qué?

MERCEDES

¡Que confesó de plano!
¡Y con frase arrebatada
juró que por tí daría
vida, honor, conciencia y alma!
¡Y al llegar tú, quiso verte;   2.475
y sólo a fuerza de instancias
conseguí que se marchase
adentro! Y estoy en ascuas
por si le encuentra Severo
y sus enojos estallan,   2.480
Y ahora ¿qué dices?

TEODORA

*(A pesar suyo ha seguido esta relación con una mezcla
extraña de interés, asombro y terror, algo indefinible.)*
¡Dios mío,
será verdad tanta infamia!
¡Y yo que por él sentía!...

229

¡Y yo que le profesaba
cariño tan verdadero!...   2.485

MERCEDES

¿Otra vez lloras?

TEODORA

             ¡El alma
no ha de llorar desengaños
de esta vida desgraciada!
Un ser tan noble, tan puro...
ver cómo se hunde y se mancha...   2.490
Y dices que está allí dentro...
¡él!... ¡Ernesto!... ¡Virgen santa!
Mira, Mercedes... Mercedes...
¡que se aleje de esta casa!

MERCEDES

Eso quiero yo también   2.495
y tu energía me agrada. *(Con verdadero gozo.)*
¡Perdóname!... ¡que ahora creo!...
(Abrazándola con efusión.)

TEODORA

¿Y antes no?

             *(La actriz dará a esta frase toda la intención que el
         autor ha querido qu tenga.)*

MERCEDES

             Silencio... calla...
él se acerca.

230

TEODORA

(Con ímpetu.) ¡No he de verle!
Dile tú... ¡Julián me aguarda!   2.500
(Dirigiéndose a la derecha.)

MERCEDES

(Deteniéndola.) Imposible... ya lo sabes...
y él mis órdenes no acata;
y ahora que conozco a fondo
tus sentimientos, me agrada
que encuentre el desprecio en ti   2.505
que antes halló en mis palabras.

TEODORA

¡Déjame!

ERNESTO

¡Teodora!... *(Deteniéndose al entrar.)*

MERCEDES

(Aparte a Teodora.) Es tarde.
Cumple tu deber y basta.
(En voz alta a Ernesto.)
El mandato que hace poco
de mis labios escuchaba,   2.510
va a repetirlo Teodora
como dueña de esta casa.

TEODORA

No me dejes. *(En voz baja a Mercedes.)*

MERCEDES

¿Temes algo? *(Lo mismo a Teodora.)*

¿Yo temer?... No temo nada.
(Le hace señal de que salga.)
(Sale Mercedes por la derecha, segundo término.)

ESCENA VII

TEODORA, ERNESTO

ERNESTO

Que saliese... fue el mandato.   2.515
(Pausa. Los dos guardan silencio y no se atreven a mirarse.)
¿Y usted... lo repite ahora?
*(Teodora hace una señal afirmativa, pero sin fijar la vista en
él.)*
Pues no tema usted, Teodora;
yo lo cumplo y yo lo acato.
(Triste y respetuoso.)
¡Los demás no hallarán modo
de obediencia, aunque les pese! *(Con dureza.)*   2.520
De usted... aunque me ofendiese...
de usted... yo lo sufro todo. *(Con sumisión.)*

TEODORA

¡Ofenderle, Ernesto!... No.
¿Cree usted que yo?...
(Sin mirarle, contrariada y temerosa.)

ERNESTO

No lo creo.
(Nueva pausa.)

Adiós... Su dicha deseo.   2.525
(Sin volverse ni mirarle.)

ERNESTO

Adiós, Teodora.
(Se detiene, un momento, pero Teodora no se vuelve, ni fija en
él los ojos, ni le tiende la mano. Al fin se aleja. Después de
llegar al fondo vuelve y se acerca a ella. Teodora le siente venir
y se estremece, pero no dirige a él la vista.)
                        Si yo
todo el mal que a mi pesar,
por mi maldecida suerte,
le he causado, con mi muerte
ahora pudiese borrar,   2.530
bien pronto no quedaría,
lo juro como hombre honrado,
ni una sombra del pasado,
ni un suspiro de agonía,
ni esa triste palidez,   2.535
(Teodora levanta la cabeza y le mira con profundo terror.)
ni esa mirada que espanta,
ni un sollozo en su garganta,
(Teodora ahoga, en efecto, un sollozo.)
ni una lágrima en su tez.

TEODORA

(Aparte alejándose de Ernesto.)
¡Mercedes dijo verdad!...
y yo ciega, inadvertida...   2.540

ERNESTO

Un adiós de despedida
uno solo, ¡por piedad!

233

TEODORA

Adiós... sí... yo le perdono
el mal que nos hizo.

ERNESTO

¡Que hice!...
¿Yo Teodora?

TEODORA

Usted lo dice.   2.545

ERNESTO

¡Esa mirada!... ¡Ese tono!...

TEODORA

¡No más, Ernesto, por Dios!

ERNESTO

¿Qué hice yo que mereciera?...

TEODORA

Como si yo no existiera;
todo acabó entre los dos.   2.550

ERNESTO

¡Ese acento!... ¡Ese desdén!

TEODORA

(Con dureza y extendiendo el brazo hacia la puerta.)
¡Salga usted!

234

ERNESTO

¡Que salga... así!

TEODORA

¡Mi esposo se muere allí...
y aquí me muero también!...
*(Vacila y tiene que apoyarse en el respaldo de la butaca para
no caer.)*

ERNESTO

¡Teodora!... *(Precipitándose para sostenerla.)*

TEODORA

¡Tocarme, no!   2.555
(Rechazándole con energía.)
¡Sola!
*(Pausa. La actitud y las miradas de los actores, las que su
talento les inspire.)*
Ya el pecho se ensancha.
*(Quiere dar unos pasos; de nuevo le faltan las fuerzas y de
nuevo quiere sostenerla Ernesto. Ella le rechaza y se aleja de
él.)*

ERNESTO

¿Por qué no?

TEODORA

(Con dureza.) ¡Por que usted mancha!

ERNESTO

¿Que yo mancho?

Cierto.

ERNESTO

¡Yo!
(Pausa.) ¿Pero qué dice, Dios mío?...
¡Ella también!... ¡Imposible!...   2.560
¡Si la muerte es preferible!...
¡No es verdad!... ¡Yo desvarío!...
¡Diga usted que no, Teodora!
¡Una frase por el cielo
de perdón, o de consuelo,   2.565
o de lástima, señora!
¡Yo me resigno a partir,
y a no verla a usted ya nunca,
aunque esto desgarra y trunca,
y mata mi porvenir!   2.570
Pero es, si a mi soledad
me siguen, con su perdón,
su afecto, su estimación...
¡por lo menos su piedad!
¡Es creyendo, que usted cree   2.575
que soy leal, que soy honrado;
que ni mancho, ni he manchado;
ni afrento, ni afrentaré!
¡Me importa poco del mundo,
desdeño sus maldiciones,   2.580
y me inspiran sus pasiones
el desprecio más profundo!
¡Hiera terco, o hiera cruel,
murmure de lo que fui,
nunca pensará de mí,   2.585
todo lo que pienso de él!
¡Pero usted! ¡El ser más puro

236

que forjó la fantasía!
¡Usted! ¡Por quien yo daría,
una y mil veces, lo juro,   2.590
y con ansia, con anhelo,
en esta insensata guerra,
no ya mi vida en la tierra,
sino mi puesto en el cielo!
¡Usted sospechar que yo   2.595
de traiciones soy capaz,
que no está el alma en mi faz!...
Eso, Teodora... ¡eso, no!
*(Con profunda emoción, con angustia profundísima, con
acento desesperado.)*

TEODORA

(Con creciente ansiedad.)
No me ha comprendido usted.
Separémonos, Ernesto.   2.600

ERNESTO

¡Así no es posible!...

TEODORA

                    ¡Presto!...
¡Se lo pido por merced!...
Julián... sufre... *(Señalando hacia su cuarto.)*

ERNESTO

            Ya lo sé.

TEODORA

Pues no lo olvidemos.

ERNESTO

No.

¡Pero también sufro yo!   2.605

TEODORA

¡Usted, Ernesto!... ¿Por qué?

ERNESTO

¡Por su desprecio!

TEODORA

No hay tal.

ERNESTO

Usted lo dijo.

TEODORA

Mentí.

ERNESTO

¡No! Fue por algo; y así
no sufrimos por igual.   2.610
¡En este luchar eterno,
en esta implacable guerra,
él sufre como en la tierra
y *yo* como en el infierno!

TEODORA

¡Por Dios!... ¡Se abrasa mi frente!   2.615

ERNESTO

¡Se oprime mi corazón!

TEODORA

¡Basta, Ernesto, compasión!

ERNESTO

¡Eso pido solamente!

TEODORA

¿Piedad?

ERNESTO

   ¡Pues eso, piedad!
De mí... ¿qué teme?... ¿O qué piensa?   2.620
(Acercándose a ella.)

TEODORA

Perdone usted si hubo ofensa...

ERNESTO

Ofensa, no. ¡La verdad!...
¡La verdad es lo que quiero!...
¡Y la pido de rodillas,
con el llanto en las mejillas!   2.625
(Se inclina ante Teodora y le coge una mano. En este momento, en la puerta que corresponde al cuarto de D. Julián, aparece D. Severo y en ella se detiene.)

DON SEVERO

(Aparte.) ¡Miserables!

TEODORA

¡Don Severo!

Escena VIII

Teodora, Ernesto, Don Severo. *Ernesto se separa hacia la izquierda. D. Severo viene a colocarse entre él y Teodora.*

Don Severo

(A Ernesto con ira reconcentrada, y en voz baja para que no les oiga D. Julián.)
Por no encontrar ni frase ni palabra,
que mi cólera exprese y mi desprecio,
habré de contentarme con decirle
¡es usted un miserable!... Salga presto. [65]   2.630

Ernesto

(Lo mismo.)
Por respeto a Teodora y a esta casa,
porque sufre quien sufre en aquel lecho,
habré de contentarme, señor mío,
con poner la respuesta... en el silencio.

Don Severo

(Creyendo que sale y con cierta ironía.)
Callar y obedecer es lo prudente.   2.635

Ernesto

No me ha entendido usted; si no obedezco.

Don Severo

¿Se queda usted?

---

[65] La casa es de Teodora sólo mientras viva su esposo; véase verso 2.648.

ERNESTO

En tanto que Teodora
no reitere el mandato, aquí me quedo.
Iba a salir ha poco para siempre,
y Dios o Satanás me detuvieron.   2.640
Vino usted, me arrojó, y a sus injurias,
cual si fuesen conjuros del infierno,
raíces sentí brotar, que de mis plantas
se agarraban firmísimas al suelo.

DON SEVERO

Voy a probar, llamando a los criados.   2.645
si a palos las arrancan.

ERNESTO

Pruebe.
(Ernesto da un paso hacia D. Severo con aire amenazador.
Teodora se precipita entre los dos y le contiene.)

TEODORA

¡Ernesto!
(Volviéndose después con energía y dignidad hacia su cuñado.)
Olvida usted sin duda que es mi casa,
mientras viva mi esposo, que es su dueño.
Para mandar aquí, los dos tan sólo
autoridad tenemos y derecho.   2.650
(A Ernesto con dulzura.)
No por él... por mi causa, por mi angustia...
(Ernesto no puede ocultar su alegría al ver que Teodora le
defiende.)

ERNESTO

Teodora, ¿usted lo quiere?

TEODORA

Se lo ruego.
(Ernesto se inclina respetuosamente y se dirige al fondo.)

DON SEVERO

¡Me confunde y me asombra tu osadía,
tanto... no, mucho más que la de Ernesto!
*(Acercándose amenazador a Teodora, Ernesto, que ha dado
unos pasos, se detiene; pero luego, haciendo un esfuerzo sobre sí
mismo, sigue su camino.)*
¡Alzar osas la frente, desdichada,   2.655
y delante de mí! ¡La frente al suelo!
*(Ernesto hace movimientos análogos a los anteriores, pero
más acentuados.)*
Tú, tímida y cobarde ¿cómo encuentras,
por defenderle, enérgicos acentos!
¡Bien habla la pasión!
(Ernesto, ya en el fondo, se detiene.)
                                            ¡Pero tú olvidas,
que antes de echarle a él, supo Severo   2.660
de esta casa arrojarte, que manchabas
con sangre de Julián! ¿Para qué has vuelto?
*(Cogiéndola brutalmente un brazo, sujetándola con furor y
acercándose más y más a ella.)*

ERNESTO

¡Ah! ¡No es posible!... ¡No!...
(Se precipita entre Teodora y D. Severo y los separa.)
                                            ¡Suelta, villano!

DON SEVERO

¡Otra vez!

242

ERNESTO

¡Otra vez!

DON SEVERO

¡Vienes de nuevo!

ERNESTO

Pues a Teodora tu insolencia ofende   2.665
(Desde este momento no es dueño de sí.)
y me siento con vida, ¿qué remedio?
¡Volver, volver, y castigar tu audacia,
y llamarte cobarde a voz en cuello!

DON SEVERO

¿A mí?

ERNESTO

Sin duda.

TEODORA

¡No!

ERNESTO

¡Si él lo ha querido!
¡Si la mano le vi poner colérico   2.670
sobre usted, sobre usted!... *(A Teodora.)*
¡De esta manera!
(Coge violentamente a D. Severo por un brazo.)

DON SEVERO

¡Insolente!

¡Es verdad, pero no suelto!
¿Tuvo usted madre? Sí. ¿La amaba mucho?
¿La respetaba aún más? ¡Pues así quiero
que respete a Teodora, y que se humille   2.675
de esta mujer ante el dolor inmenso!
¡De esta mujer más pura y más honrada
que su madre de usted, mal caballero!

DON SEVERO

¡A mí!... ¡Tal dice!

ERNESTO

Sí, y aún no he concluido.

DON SEVERO

¡Tu vida!...

ERNESTO

Sí, mi vida; pero luego.   2.680
*(Teodora quiere separarlos; pero él la aparta dulcemente con
una mano sin soltar la otra.)*
En un Dios creerá usted; es necesario...
¡un Hacedor!... ¡una esperanza!... Bueno,
¡pues como dobla sus rodillas torpes
ante el altar del Dios que está en los cielos,
ante Teodora han de doblarse, y pronto!   2.685
¡Abajo!... ¡Al polvo!

TEODORA

¡Por piedad!

ERNESTO

¡Al suelo!
(Le obliga a arrodillarse delante de Teodora.)

TEODORA

¡Basta, Ernesto!

DON SEVERO

¡Mil rayos!

ERNESTO

¡A sus plantas!

DON SEVERO

¡Tú!

ERNESTO

¡Yo!

DON SEVERO

¡Por ella!

ERNESTO

¡Sí!

TEODORA

¡No más!... ¡Silencio!
*(Teodora aterrada señala hacia el cuarto de D. Julián.
Ernesto suelta su presa; D. Severo se levanta y retrocede
hacia la derecha. Teodora se lleva hacia el fondo a Ernesto.
De este modo ella y él forman un grupo que se aleja.)*

TEODORA, ERNESTO, DON SEVERO; *y después* DON JULIÁN y MERCEDES.

DON JULIÁN

¡Déjame!... *(Desde dentro.)*

MERCEDES

¡No por Dios!... *(Lo mismo.)*

DON JULIÁN

¡Son ellos... vamos!...

TEODORA

¡Salga usted!... *(A Ernesto, llevándosele.)*

DON SEVERO

(A Ernesto.) ¡La revancha!

ERNESTO

No la niego.   2.690
(En este momento se presenta D. Julián, pálido, descompuesto, casi moribundo, y Mercedes conteniéndolo. Al presentarse él, D. Severo está a la derecha, primer término y Teodora y Ernesto formando un grupo en el fondo.)

DON JULIÁN

¡Juntos!... ¿Adónde van?... ¡Que los detengan! ¡Huyen de mí!... ¡Traidores!
(Quiere precipitarse sobre ellos; pero le faltan las fuerzas y vacila.)

DON SEVERO

(*Acudiendo a sostenerle.*) ¡No!

DON JULIÁN

¡Severo,
me engañaban!... ¡Mentían!... ¡Miserables!
(*Mientas pronuncia estas palabras, entre Mercedes y D.
Severo le traen a la butaca de la derecha.*)
¡Allí!... ¡Mira!... ¡Los dos... ella y Ernesto!
¿Por qué están juntos?...

TEODORA Y ERNESTO

(*Se separan uno de otro.*) ¡No!

DON JULIÁN

¿Por qué no vienen?   2.695
¡Teodora!...

TEODORA

(*Tendiéndole los brazos, pero sin acercarse.*)
¡Mi Julián!...

DON JULIÁN

¡Sobre mi pecho!
(*Teodora se precipita en los brazos de D. Julián, que la
estrecha fuertemente. Pausa.*)
¿Ya lo ves?... ¿Ya lo ves?... ¡Sé que me engaña!...
(*A su hermano*).
¡Y en mis brazos la oprimo y la sujeto!...
¡Y puedo darle muerte!... ¡Y la merece!...
¡Y *la miro*!... ¡*La miro*!... ¡Y ya no puedo!   2.700

¡Julián!...

DON JULIÁN

¿Y aquél?... *(Señalando a Ernesto.)*

ERNESTO

¡Señor!...

DON JULIÁN

¡Y yo le amaba!...
Calla y acércate... *(Ernesto se aproxima.)*
(Sujetando a Teodora.) ¡Aún soy su dueño!

TEODORA

¡Tuya!... ¡Tuya!...

DON JULIÁN

¡No finjas!... ¡No me mientas!

MERCEDES

¡Por Dios santo!... *(Procurando calmarle.)*

DON SEVERO

(Lo mismo.) ¡Julián!...

DON JULIÁN

(A los dos.) ¡Callad!... ¡Silencio!
(A Teodora.)
¡Si yo te adiviné!... ¡Si sé que le amas!   2.705

(Teodora y Ernesto quieren protestar, pero no les deja.)
¡Si lo sabe Madrid!... ¡Madrid entero!

ERNESTO

¡No, padre!

TEODORA

¡No!

DON JULIÁN

¡Lo niegan!... ¡Y lo niegan!
¡Si es la evidencia! ¡Si en mi ser la siento!
¡Porque esta calentura que me abrasa
con su llama ilumina mi cerebro!   2.710

ERNESTO

¡Del hervor de la sangre, del delirio,
todas esas traiciones son engendros!
¡Escuche usted, señor!

DON JULIÁN

¡Vas a mentirme!

ERNESTO

¡Es inocente! *(Señalando a Teodora.)*

DON JULIÁN

¡No!... ¡Si no te creo!

ERNESTO

¡De mi padre, señor, por la memoria!...   2.715

DON JULIÁN

¡No profanes su nombre y su recuerdo!

ERNESTO

¡Por el último beso de mi madre!...

DON JULIÁN

¡No está en tu frente ya su último beso!

ERNESTO

Por cuanto quiera usted ¡oh, padre mío!
juraré, juraré.

DON JULIÁN

      No juramentos,   2.720
ni engañosas palabras, ni protestas...

ERNESTO

Pues bien, ¿qué quiere usted?

TEODORA

               ¿Qué quieres?

DON JULIÁN

               ¡Hechos!

ERNESTO

¿Qué desea, Teodora? ¿Que nos pide?

TEODORA

¡Yo no lo sé!... ¿Qué hacer? ¿Qué hacer, Ernesto?

Don Julián

(Que les ha seguido con mirada febril y con instintiva desconfianza.)
¡Ah! ¿Delante de mí buscáis engaños?...   2.725
¡Os concertáis, infames!... ¡Lo estoy viendo!

Teodora [66]

¡Por la fiebre ve usted, no por los ojos!

Don Julián

¡La fiebre, sí! ¡Como la fiebre es fuego,
la venda consumió que ante la vista
me pusisteis los dos, y al fin ya veo!   2.730
Y ahora ¿por qué os miráis?... ¿Por qué, traidores?
¿Por qué brillan tus ojos? ¡Habla, Ernesto!
No es el brillo del llanto... Ven... más cerca...
aún más...
*(Le obliga a acercarse; le hace bajar la cabeza, y al fin viene
a caer de rodillas ante él. De este modo queda D. Julián entre
Teodora, que está a su lado, y Ernesto, que está a sus pies.
En está actitud le pasa las manos por los ojos.)*
            ¿Lo ves?... ¡No es llanto!... ¡Si están secos!

Ernesto

¡Perdón!... ¡Perdón!...

Don Julián

            ¡Pues si perdón me pides,   2.735
confiesas tu maldad!

---

66 En Rodríguez, este parlamento es de Ernesto.

ERNESTO

¡No!

DON JULIÁN

¡Sí!

ERNESTO

¡No es eso!

DON JULIÁN

Pues cruzad ante mí vuestras miradas... [67].

DON SEVERO

¡Julián!...

MERCEDES

¡Señor!

DON JULIÁN

(A Teodora y Ernesto.) ¿Acaso tenéis miedo?
¿No os amáis como hermanos? ¡Pues probadlo!
¡De las anchas pupilas a los cercos   2.740
salgan las almas, y sus castas luces
en mi presencia mezclen sus reflejos,
que yo veré, porque veré de cerca,
si esos rayos de luz son *luz o fuego!*
Tú, Teodora, también... si ha de ser... vamos...2.745
¡Venid!... ¡Los dos!... ¡Aún más!
(Hace caer ante él a Teodora; los aproxima a la fuerza y les
obliga a mirarse.)

_____

[67] Debe recordarse que Francesca y Paolo se enamoraron al cruzar una
mirada, Dante, *Inferno,* canto V, vv. 127-9.

TEODORA

(Separándose por un violento esfuerzo.)
¡Ah! ¡No!

ERNESTO

(Procura desasirse, pero D. Julián le sujeta.)
¡No puedo!

DON JULIÁN

¡Os amáis!... ¡Os amáis!... ¡Claro lo he visto!
¡Tu vida! *(A Ernesto.)*

ERNESTO

¡Sí!

DON JULIÁN

¡Tu sangre!

ERNESTO

¡Toda!

DON JULIÁN

(Sujetándole de rodillas.) ¡Quieto!

TEODORA

¡Julián! *(Conteniéndole.)*

DON JULIÁN

¿Tú le defiendes?... ¡Le defiendes!

TEODORA

¡Pero si no es por él!

DON SEVERO

¡Por Dios!...

DON JULIÁN

(A D. Severo.) ¡Silencio!   2.750
¡Mal amigo!... ¡Mal hijo!...
(Sujetándole a sus pies.)

ERNESTO

¡Padre mío!

DON JULIÁN

¡Desleal!... ¡Traidor! (Lo mismo.)

ERNESTO

¡No, padre!

DON JULIÁN

Voy el sello
a ponerte de vil en la mejilla...
¡Hoy con mi mano!... ¡Pronto con mi acero!
(Con un resto de suprema energía se incorpora y le golpea en
el rostro.)

ERNESTO

(Da un grito terrible, se levanta y se separa hacia la
izquierda cubriéndose la cara.)
¡Ah!

Don Severo

¡Justicia! *(Extendiendo el brazo hacia Ernesto.)*

Teodora

¡Jesús!
(Se oculta el rostro entre las manos y va a caer en una silla de la derecha.)

Mercedes

¡Delirio ha sido!   2.755
(A Ernesto como disculpando a D. Julián.)
(Estos cuatro gritos rapidísimos. Momentos de estupor. D. Julián siempre en pie y mirando a Ernesto. Mercedes y D. Severo conteniéndole.)

Don Julián

Delirio, no; ¡castigo, vive el cielo!
¿Qué pensabas, ingrato?

Mercedes

Vamos... vamos...

Don Severo

Ven Julián...

Don Julián

¡Sí, ya voy!
(Se encamina penosamente hacia su cuarto sostenido por D. Severo y Mercedes, pero deteniéndose algunas veces para mirar a Ernesto y Teodora.)

MERCEDES

¡Pronto, Severo!

DON JULIÁN

¡Míralos!... ¡Los infames!... ¡Fue justicia!
¿No es verdad?... ¿No es verdad?... Yo así lo creo. 2.760

DON SEVERO

¡Por Dios, Julián!... ¡Por mí!

DON JULIÁN

¡Tú solo! ¡Sólo...
me has querido en el mundo! *(Abrazándole.)*

DON SEVERO

¡Yo! ¡Sí! ¡Cierto!

DON JULIÁN

(Sigue caminando; cerca de la puerta se detiene y otra vez los mira.)
¡Y ella llora por él!... ¡Y no me sigue!...
¡Ni me mira! ¡Ni ve... que yo me muero!...
¡Me muero... sí!...

DON SEVERO

¡Julián!

DON JULIÁN

¡Espera... espera!... 2.765
(Deteniéndose en la misma puerta.)

256

¡Deshonra por deshonra!... ¡Adiós, Ernesto!
(*Salen D. Julián, D. Severo y Mercedes por la derecha,
segundo término.*)

ESCENA X

TEODORA, ERNESTO. *Ernesto cae en el sillón
próximo a la mesa. Teodora continúa a la derecha.
Pausa.*)

ERNESTO

(*Aparte.*) [68] ¿De qué sirve la lealtad?

TEODORA

¿De qué sirve la inocencia?

ERNESTO

¡Se oscurece mi conciencia!

TEODORA

¡Piedad, Dios mío, piedad!   2.770

ERNESTO

¡Suerte fiera!

TEODORA

¡Triste suerte!

ERNESTO

¡Pobre niña!

---

[68] Este aparte continúa hasta el verso 2.772.

TEODORA

¡Pobre Ernesto!
(Hasta aquí son apartes.)

DON SEVERO

(Desde dentro; los que siguen son gritos de suprema angustia.)
¡Hermano!

MERCEDES

¡Socorro!

PEPITO

¡Presto!
(Ernesto y Teodora se levantan y se acercan uno a otro.)

TEODORA

¡Gritos de dolor!...

ERNESTO

¡De muerte!

TEODORA

¡Vamos pronto!

ERNESTO

¿Dónde?

TEODORA

Allí.   2.775

ERNESTO

(Deteniéndola.) No podemos.

TEODORA

¿Por qué no?
¡Yo quiero que viva! *(Con ansia.)*

ERNESTO

(Lo mismo.) ¡Y yo!
Pero no puedo...
(Señalando hacia el cuarto de D. Julián.)

TEODORA

Yo sí.
(Precipitándose hacia allá.)

ESCENA ÚLTIMA

TEODORA, ERNESTO, DON SEVERO, PEPITO.
La disposición de los personajes es la siguiente: Ernes-
to, en pie, en el centro; Teodora en la puerta del cuarto
de D. Julián, cerrándole el paso D. Severo, que sale un
momento después que Pepito.

PEPITO

¿Dónde vas?

TEODORA

¡Le quiero ver!
(Con desesperada ansiedad.)

259

PEPITO

¡No es posible!

DON SEVERO

¡No se pasa!...   2.780
¡Esa mujer en mi casa!...
¡Pronto... arroja esa mujer! *(A su hijo.)*
¡Sin compasión!... ¡Al instante!

ERNESTO

¿Qué dice?

TEODORA

¡Yo desvarío!

DON SEVERO

¡Aunque tu madre, hijo mío,   2.785
se ponga de ella delante,
has de cumplir mi mandato!
¡Aunque suplique!... ¡Aunque implore!
Si llora... nada, ¡que llore!
(A su hijo con ira reconcentrada.)
¡Lejos... lejos... o la mato!   2.790

TEODORA

¡Julián manda!...

DON SEVERO

¡Julián, sí!

ERNESTO

¿Su esposo?... ¡No puede ser!

260

TEODORA

¡Verle!...

DON SEVERO

¡Pues le vas a ver;
y después... huye de aquí!

PEPITO

¡Padre!... *(Como queriendo oponerse.)*

DON SEVERO

Deja... *(A Pepito separándole.)*

TEODORA

¡Si no es cierto!   2.795

PEPITO

¡Si es horrible!

TEODORA

¡Si es mentira!

DON SEVERO

¡Ven Teodora... ven y mira!
*(La coge por un brazo, la lleva a la puerta del cuarto de
D. Julián, levanta el cortinaje y señala el interior.)*

TEODORA

¡El!... ¡Julián!... ¡Mi Julián!... ¡Muerto!...
*(Dice esto retrocediendo en ademán trágico, y cae desplomada
en el centro.)*

ERNESTO

¡Padre! *(Cubriéndose el rostro.)*
(Pausa. D. Severo los contempla con mirada rencorosa.)

DON SEVERO

(A su hijo señalando a Teodora.)
    ¡Arrójala!

ERNESTO

(Poniéndose delante del cuerpo de Teodora.)
        ¡Cruel!

PEPITO

¡Señor!... *(Dudando.)*

DON SEVERO

(A su hijo.) Es mi voluntad.   2.800
¿Dudas?

ERNESTO

    ¡Piedad!

DON SEVERO

        ¡Sí, piedad!
¡La que ella tuvo con él!
(Señalando hacia dentro.)

ERNESTO

¡Ah!... ¡Que mi sangre se inflama!
¡Saldré de España!

DON SEVERO

No importa.

ERNESTO

¡Moriré!

DON SEVERO

La vida es corta.   2.805

ERNESTO

¡Por última vez!

DON SEVERO

No. Llama. *(A su hijo.)*

ERNESTO

¡Que es inocente! ¡Lo digo
y lo juro!

PEPITO

Padre... *(Como intercediendo.)*

DON SEVERO

(A su hijo señalando con desprecio a Ernesto.)
Miente.

ERNESTO

¿Me arrojas a la corriente?
¡Pues ya no lucho, la sigo!   2.180
Qué pensará, no presiento,
(Señalando a Teodora.)

del mundo y de tus agravios,
que mudos están sus labios,
y duerme su pensamiento.
Pero lo que pienso yo...   2.815
eso... ¡lo voy a decir!

DON SEVERO

¡Inútil! No ha de impedir
que yo mismo...
(Queriendo aproximarse a Teodora.)

PEPITO

(Conteniéndole.) Padre...

ERNESTO

¡No! (Pausa.)
Nadie se acerque a esta mujer; es mía [69].
Lo quiso el mundo; yo su fallo acepto.   2.820
El la trajo a mis brazos. ¡Ven, Teodora!
(Levantándola y sosteniéndola en sus brazos en este momento
o en el que el actor crea conveniente.) [70].
¡Tú la arrojas de aquí!... Te obedecemos.

DON SEVERO

¡Al fin!... ¡Infame!

PEPITO

¡Miserable!

---

[69] Ernesto acepta, finalmente, la fatalidad y toma a Teodora en el
sentido más posesivo de la palabra.
[70] En Rodríguez falta esta acotación.

264

ERNESTO

Todo.

¡Y ahora tenéis razón!... ¡Ahora confieso!
¿Queréis pasión?... Pues bien, ¡pasión, delirio!   2.825
¿Queréis amor?... Pues bien, ¡amor inmenso!
¿Queréis aún más?... Pues más, ¡si no me espanto!
¡Vosotros a inventar!... ¡Yo a recogerlo!
¡Y contadlo!... ¡Contadlo!... La noticia,
de la heroica ciudad llene los ecos!   2.830
Mas si alguien [71] os pregunta quién ha sido
de esta infamia el infame medianero,
respondedle: «¡Tú mismo y lo ignorabas;
y contigo las lenguas de los necios!»
Ven, Teodora, la sombra de mi madre   2.835
posa en tu frente inmaculada un beso.
¡Adiós!... ¡Me pertenece!... ¡Que en su día
a vosotros y a mí nos juzgue el cielo!

(Hace el movimiento de llevarse a Teodora [72] en brazos, desafiando a todos con la mirada y el ademán; D. Severo y Pepito en primer término, en la actitud que se crea conveniente.)

FIN DEL DRAMA

---

[71] En Rodríguez: *alguno.*
[72] En Rodríguez: *Se lleva a Teodora,* etc.

Colección Letras Hispánicas

308   *Viento del pueblo*, MIGUEL HERNÁNDEZ.
     Edición de Juan Cano Ballesta.

DE PRÓXIMA APARICIÓN

Examen de ingenios para las ciencias, JUAN HUARTE
  DE SAN JUAN.
    Edición de Guillermo Serés.

Naufragios, ÁLVAR NÚÑEZ CABEZA DE VACA.
    Edición de Juan Francisco Maura.

El obispo leproso, GABRIEL MIRÓ.
    Edición de Manuel Ruiz-Funes Fernández.

Sendebar.
    Edición de M.ª Jesús Lacarra.

Volver, JAIME GIL DE BIEDMA.
    Edición de Dionisio Cañas.

La vida y hechos de Estebanillo González.
    Edición de Jesús Antonio Cid y Antonio Carreira.